LIBRAIRIE D'ALPHONSE TARIDE,   MUSÉE THÉATRAL ILLUSTRÉ.   CHAQUE PIÈCE, 20 CENTIMES.
2, RUE DU COQ-SAINT-HONORÉ.   4e et 5e LIVRAISONS.

LA CONSCIENCE

DRAME EN CINQ ACTES ET EN SIX TABLEAUX

PAR

ALEXANDRE DUMAS

REPRÉSENTÉ POUR LA PREMIÈRE FOIS, À PARIS, SUR LE THÉATRE IMPÉRIAL DE L'ODÉON, LE 4 NOVEMBRE 1854

DISTRIBUTION DE LA PIÈCE.

ÉDOUARD RUHBERG, STEVENS,	MM. LAFERRIÈRE.	FRÉDÉRIC,	MM. MÉTRÈME.
ALDEN,		NEDEL,	THIRON.
BENAZETTI,	TISSERANT.	SALOMON,	GRENIER.
LE MINISTRE,	KIME.		
KARL,	REY.	CHARLOTTE,	Mlle BÉRENGÈRE.
RUHBERG,	GUICHARD.	LA COMTESSE SOPHIE,	Mlle LOUISE PÉRICAT.
MEYER,	LAUTE.	LA COMTESSE LOUISE,	Mlle ISABELLE CONSTANT.
CHRÉTIEN,	SAINT-LÉON.	HENRIETTE,	Mlle SOLANGE.
RITAN,	BARRÉ.	MADAME RUHBERG,	Mme DESSAINS.
	HARVILLE.	UN VALET,	M. ÉTIENNE.

L'action se passe en 1810.

ACTE PREMIER.

La scène est à Manheim.

Un salon à pan coupé, au fond une porte donnant sur un jardin ; dans le pan coupé de droite, la porte de l'extérieur ; dans le pan coupé de gauche, une porte donnant sur un salon dans lequel se trouve une autre porte sur laquelle est écrit le mot CAISSE : la porte du pan coupé doit être très en vue du public. Au premier plan à droite, la chambre de Mme de Ruhberg ; au second plan, un piano, un fauteuil à droite, un autre à gauche, une table à gauche, chaises au fond, une cheminée garnie, un petit tabouret de pied. Pour le troisième acte, une glace sur la cheminée, une sonnette sur la table.

SCÈNE I.

M. ALDEN, *seul*.

Oh ! oh ! serait-ce un parti pris de me faire attendre ? Ces Ruhberg sont fiers comme des chevaliers du Saint-Empire, et, sans doute, cela blesse M. le receveur de l'État Ruhberg, d'être soumis chaque trimestre au contrôle du vérificateur Alden.

SCÈNE II.

ALDEN, CHARLOTTE.

CHARLOTTE, *entrant et courant à Alden*.

Oh ! pardon ! monsieur le vérificateur, j'ignorais que vous fussiez là.

ALDEN.

Oui, mademoiselle, j'y suis, et depuis.... (*Il tire sa montre*) depuis dix-sept minutes même.

CHARLOTTE.

Depuis dix-sept minutes ! Mais comment se fait-il que ni mon frère, ni ma mère, ni mon père ne soient près de vous ?

ALDEN.

Je m'étonnais précisément de leur absence, lorsque vous êtes entrée.

CHARLOTTE.

Avez-vous demandé mon père ?

ALDEN.
Oui, mademoiselle; et Chrétien, le valet de chambre, m'a répondu que je pouvais attendre, et que M. Ruhberg allait rentrer; j'attends, et, vous le voyez, il ne rentre pas.

CHARLOTTE.
Il ne faut pas en vouloir à mon père, et je suis bien sûre que s'il vous savait ici il hâterait son retour.

ALDEN.
Hum ! hum !

CHARLOTTE.
Il ne faut pas en vouloir à ma mère, je suis certaine que si elle avait été prévenue....

ALDEN.
Votre mère dormait encore, mademoiselle; elle a daigné me le faire dire.

CHARLOTTE.
Oui, ma mère se lève tard.... C'est une habitude....

ALDEN.
D'aristocratie.

CHARLOTTE, *timidement*.
Quant à mon frère....

ALDEN, *il va poser sa canne et son chapeau sur la table à gauche*.
Oh ! je ne me suis pas même enquis de lui ; je sais que sa coutume n'est point de rentrer de si bonne heure.

CHARLOTTE.
Hélas ! monsieur, c'est vrai; mais moi, me voilà, et si je pouvais vous offrir quelque chose....

ALDEN.
Oui, je sais cela : vous, vous êtes le bon génie de la maison ; vous restez au logis quand les autres sont dehors ; vous veillez quand les autres dorment ; vous priez quand les autres se damnent. Vous, vous êtes une bonne et excellente fille, et ce n'est point votre faute si votre père est un homme faible, votre mère une dépensière, votre frère un joueur.

CHARLOTTE.
Monsieur !

ALDEN.
Allons bon ! je fais pleurer les anges, moi, brutal que je suis. Excusez-moi, mademoiselle, j'ai tort ; mais je suis un ancien militaire et j'ai pris au camp l'habitude de dire tout ce que je pense. Quant à accepter ce que vous m'offrez, merci. Il y a déjà assez de gens qui prennent dans la maison.

CHARLOTTE.
Monsieur Alden, ne me faites pas de peine, je vous aime tant.

ALDEN.
Vous m'aimez ? vous? et vous m'avez vu trois ou quatre fois !

CHARLOTTE.
Il est vrai que c'est moins que je n'eusse voulu.

ALDEN.
Vous m'aimez et vous me connaissez à peine !

CHARLOTTE.
Je vous connais comme le plus honnête homme et comme le meilleur cœur de la ville.

ALDEN.
Honnête homme, c'est possible ; mais bon cœur, vous vous trompez. Je suis dur, brutal, entêté ; il n'y a que les niais qui aient bon cœur. Ah ! ça, mais pourquoi me regardez-vous ainsi, mon enfant ? (*Charlotte lui prend la main et veut la baiser.*)

ALDEN.
Ah ! par exemple. (*Il l'embrasse au front.*)

SCÈNE III.

LES MÊMES, FRÉDÉRIC, ALDEN.

FRÉDÉRIC.
Mon père embrassant Charlotte !

ALDEN.
Bon ! voilà que vous faites surprendre le père par le fils ; mais c'est qu'aussi vous êtes une sirène.

CHARLOTTE.
Monsieur Alden, vous n'êtes plus seul maintenant, permettez que j'achève la commission dont ma mère m'avait chargée hier au soir.

ALDEN.
Allez, allez, mon enfant, et que la bénédiction de Dieu soit avec vous.

(*Charlotte sort par le jardin en échangeant un regard avec Frédéric.*)

SCÈNE IV.

ALDEN, FRÉDÉRIC.

FRÉDÉRIC.
Vous m'avez fait dire de vous rejoindre où vous seriez, mon père parce que vous aviez quelque chose de pressé à me dire et que vos vérifications vous tiendraient probablement toute la journée dehors ; je me suis informé, j'ai appris que vous étiez chez M. le receveur Ruhberg et je suis venu.

ALDEN.
C'est bien.

FRÉDÉRIC.
Qu'avez-vous à m'ordonner?... J'écoute.

ALDEN.
Ce que j'ai à t'ordonner, c'est de passer avant midi chez M. de Wolsheim qui part à deux heures pour Carlsruhe.

FRÉDÉRIC.
Et que ferai je chez M. de Wolsheim, mon père?

ALDEN.
Tu le remercieras.

FRÉDÉRIC.
De quoi, mon père?

ALDEN.
De ce qu'il consent à te donner sa fille.

FRÉDÉRIC.
Mlle de Wolsheim....

ALDEN.
Sera ta femme, et à partir d'aujourd'hui tu es autorisé à te présenter dans la maison comme son fiancé ; cela a été décidé ce matin entre son père et moi. Eh bien ! tu ne me remercies pas ? tu te tais ?

FRÉDÉRIC.
Je vous remercie d'abord, mon père, de ce que vous avez fait ou de ce que vous avez cru faire pour mon bonheur.

ALDEN.
Hein ?

FRÉDÉRIC.
Je ne répondrai pas à votre bonté par la dissimulation.

ALDEN.
Plaît-il ?

FRÉDÉRIC.
Ne m'en veuillez pas, mon père, mais je suis forcé de vous faire un aveu.

ALDEN.
Un aveu, et lequel ?

FRÉDÉRIC.
Je ne puis épouser Mlle de Wolsheim.

ALDEN.
Oh ! oh ! tu ne peux épouser....

FRÉDÉRIC.
Non, mon père.

ALDEN.
Ah ! par exemple, je voudrais bien savoir pourquoi. La famille est riche, en bonne position à la cour du grand-duc ; la fille est honnête, jeune, jolie....

FRÉDÉRIC.
Je ne trouverai pas mieux, mon père, et puisque vous aviez choisi une femme pour votre fils, c'était sans doute celle qui lui convenait.... Mais....

ALDEN.
Mais quoi? voyons.

FRÉDÉRIC.
Mais, j'en aime une autre, mon père.

ALDEN.
Ah ! bon, la réponse ordinaire des fils rebelles.

FRÉDÉRIC.
Ah ! mon père.

ALDEN.
J'en aime une autre; la bonne raison !

FRÉDÉRIC, *souriant*.
Que voulez-vous ! c'est la seule que je trouve. J'en aime une autre, je suis aimé d'elle, et par elle seule je puis être heureux !

ALDEN.
Être aimé ! être heureux ! grands mots.

FRÉDÉRIC.
Grandes choses, mon père.

ALDEN.
Et qui est-elle cette autre ? Voyons, est-ce que je la connais même ?

FRÉDÉRIC.
Vous la connaissez.

ALDEN.
Où est-elle ?

FRÉDÉRIC.

En ce moment, je ne puis vous le dire, mais tout à l'heure elle était là, dans vos bras.

ALDEN.

La fille du receveur de l'État?

FRÉDÉRIC.

Charlotte de Ruhberg, oui, mon père.

ALDEN, *secouant la tête.*

Cela ne te convient pas.

FRÉDÉRIC.

Pourquoi?

ALDEN.

Cela ne te convient pas.

FRÉDÉRIC.

Vous ne me refuserez pas la femme qui ferait mon bonheur sans me dire les raisons de votre refus; cela ne serait pas juste, mon père.

ALDEN.

Eh bien! les raisons de mon refus, les voici : cela ne peut pas être ; cela ne doit pas être; je ne veux pas que cela soit. (*Allant reprendre son chapeau.*) Quant aux autres raisons, attends six mois, trois mois, huit jours, peut-être, et tu les connaîtras aussi bien que moi.

FRÉDÉRIC.

J'attendrai le temps que vous voudrez, mon père, car j'espère qu'un jour viendra où vous apprécierez Charlotte.

ALDEN.

Le jour est venu; j'apprécie Charlotte, c'est une fille belle, brave et bonne, mais la famille ne vaut rien. (*Il veut sortir.*)

FRÉDÉRIC.

Expliquez-vous, mon père.

ALDEN.

Écoute, si tu restes ce que tu es, tu ne seras pas grand'chose. Il faut que tu ailles plus loin; tu as besoin de protection et de fortune, ou sans cela tu demeureras Frédéric Alden, avocat sans cause, fils de Rodolphe Alden, vérificateur des rentes, c'est-à-dire un pauvre diable, enterré dans un quartier perdu d'une petite ville de province. Si tu étais riche, cela ne serait rien encore; mais vieux soldat, avec une retraite de deux cents thalers et une place de cinq cents, je ne te laisserai en mourant qu'une maison sans dettes et un nom sans tache. Les Ruhberg sont complètement ruinés; le père est un fou, la mère une orgueilleuse, le fils un joueur et la fille.... la fille a été élevée comme si elle devait épouser un prince régnant.

FRÉDÉRIC.

Vous voyez bien que cette éducation n'a pas influé sur son cœur, mon père ; puisqu'elle m'aime.

ALDEN.

Chansons! va faire ta visite au conseiller Wolsheim et ne viens pas me rebattre plus longtemps les oreilles de plans impossibles.

FRÉDÉRIC.

Impossibles!

ALDEN.

Impossibles, c'est moi qui te le dis, c'est moi qui te le répète, jamais la fille du receveur de l'État Ruhberg ne sera ta femme. (*Il s'apprête à sortir.*)

FRÉDÉRIC.

Alors, mon père, jamais une autre ne le sera non plus, car j'ai donné ma parole.

ALDEN, *s'arrêtant près de la porte.*

Hein!

FRÉDÉRIC.

Et comptant sur cette parole, elle a refusé le baron de Volfrang, attaché d'ambassade.

ALDEN.

Tu lui as donné ta parole?

FRÉDÉRIC.

Je la lui ai donnée.

ALDEN.

Tu as dit : Foi d'Alden?

FRÉDÉRIC.

Je lui ai dit : Foi d'honnête homme.

ALDEN.

Est-ce vrai cela?

FRÉDÉRIC.

Je vous le jure, mon père.

ALDEN.

Alors, c'est autre chose, il faut épouser.

FRÉDÉRIC.

Oh! mon père!

ALDEN.

Cela brise tous mes plans, cela me fait grand'peine, mais si tu as donné ta parole, si tu as dit foi d'honnête homme, tu ne serais plus un honnête homme en manquant à ta parole. Il faut épouser.

FRÉDÉRIC.

Oh! je savais bien que vous étiez le plus loyal des hommes. Toute votre vie, vous bénirez le jour où vous avez rendu votre fils si heureux.

ALDEN.

Soit,... mais pour l'instant j'avais d'autres plans, monsieur, d'autres visées.... Enfin, puisque c'est impossible, n'en parlons plus. C'est toi qui vas attendre le receveur de l'État et lui dire ce que tu as à dire; moi, au lieu de vérifier la caisse ce matin, je la vérifierai ce soir. Adieu.

FRÉDÉRIC.

Mon père!

ALDEN.

Adieu, adieu. Je ne suis plus surpris que la petite m'ait dit qu'elle m'aimait; je ne suis plus surpris qu'elle ait voulu me baiser les mains. Ah! sirène, sirène. (*Il sort.*)

SCÈNE V.

FRÉDÉRIC, *seul.*

Allons! la chose a été plus vite arrangée que je ne le croyais. Ah! c'est que sous cette rude écorce il y a un bon et grand cœur! et maintenant si je pouvais trouver Charlotte et lui tout dire. M. Ruhberg!...

SCÈNE VI.

RUHBERG, FRÉDÉRIC.

RUHBERG.

Ah! bonjour, monsieur Frédéric; je m'attendais à la visite de votre père, mais pas à la vôtre, et l'inattendu de votre présence me la rend plus agréable encore.

FRÉDÉRIC, *lui prenant la main.*

Est-ce bien vrai ce que vous me dites là, monsieur? ou bien usez-vous à mon égard d'une de ces phrases banales, dont on masque, vis-à-vis des indifférents, le vide de la pensée et du cœur?

RUHBERG.

Je vous dis la vérité, monsieur, je vous aime et vous estime. Quelle cause vous amène?

FRÉDÉRIC.

Ce n'est point une cause ordinaire, monsieur.

RUHBERG.

En effet, vous paraissez ému.

FRÉDÉRIC.

Plus qu'ému, monsieur, troublé.

RUHBERG.

Que craignez-vous donc?

FRÉDÉRIC.

Une réponse défavorable à une demande que je viens vous faire.

RUHBERG.

Mon cher monsieur, entre honnêtes gens, on ne doit jamais être embarrassé. Ce que vous avez à me demander ne peut être qu'une chose honorable. Parlez, je vous écoute.

FRÉDÉRIC.

Un mot vous dira tout. J'aime, monsieur, et celle que j'aime s'appelle Charlotte.

RUHBERG.

Vous aimez ma fille?

FRÉDÉRIC, *lui prenant la main.*

Puis-je dire : Oui, mon père?

RUHBERG.

J'étais si loin de me douter, monsieur Alden....

FRÉDÉRIC.

Cette demande vous blesse-t-elle?

RUHBERG, *allant s'asseoir.*

En aucune façon, monsieur, mais asseyez-vous et causons.

FRÉDÉRIC.

Permettez-moi de rester debout. C'est mieux que debout, c'est à genoux que je devrais attendre.

RUHBERG.

Je ne vous ferai pas attendre longtemps, monsieur, et, à franche demande, je ferai franche réponse. Vous aimez ma fille, cela me rend heureux, elle mérite qu'un honnête homme comme vous l'aime.

FRÉDÉRIC.
Oh! monsieur, quelle joie!

RUHBERG.
Attendez. C'est à mon tour maintenant d'être embarrassé, c'est à mon tour d'hésiter dans ma réponse, car il se peut, lorsque je vous aurai parlé, lorsque je vous aurai dit oui, que ce soit vous qui répondiez non. Mais, en ce cas, monsieur Alden, d'avance je vous en donne ma parole, cela ne nous brouillera point, vous me tendrez la main et tout sera dit.

FRÉDÉRIC.
Vous m'effrayez, monsieur.

RUHBERG, se levant.
Vous êtes jeune, vous devez être ambitieux, et c'est votre devoir d'aller à la rencontre de la fortune.

FRÉDÉRIC.
M'est-il défendu d'y arriver par le chemin du bonheur?

RUHBERG.
Nous ne sommes pas ce que vous croyez, monsieur Alden.

FRÉDÉRIC.
Que voulez-vous dire?

RUHBERG.
Les apparences vous trompent, mon pauvre enfant, vous nous croyez riches, nous sommes pauvres. Celui qui aimera ma fille devra l'aimer pour elle-même, pour elle seule. Charlotte n'a pas un florin de dot, et maintenant, j'ai dit, embrassez-moi et restons-en là, monsieur Frédéric.

Mon père, je vous embrasse et vous demande de nouveau sa main. Ce que vous venez de me dire, je le savais.

RUHBERG.
Par qui?

FRÉDÉRIC.
Par Charlotte elle-même.

SCÈNE VII.

LES MÊMES, CHARLOTTE.

CHARLOTTE.
Vous saviez? Quoi donc?

RUHBERG.
Tu nous écoutais?

CHARLOTTE, baissant les yeux.
Non : mais en m'entendant nommer....

RUHBERG.
Pourquoi ne m'avoir rien dit de cet amour, ma fille?

CHARLOTTE.
Depuis quelque temps vous étiez si triste, si abattu.

RUHBERG.
L'aimes-tu comme il t'aime?

CHARLOTTE.
Je ne sais comment Frédéric m'aime, mais ce que je sais c'est que je l'aime tendrement.

RUHBERG, prenant la main de Charlotte.
Et vous vous connaissez bien l'un et l'autre?

FRÉDÉRIC.
Votre bénédiction, mon père.

RUHBERG, prenant la main de Frédéric.
Réfléchissez à mes paroles, je ne vous demande pas si vous vous aimez : je vous demande si vous vous connaissez. Je ne désire pas savoir si votre amour existe, je désire savoir s'il durera.

FRÉDÉRIC.
Je réponds du mien, car il repose encore moins sur la beauté de Charlotte que sur l'estime que je fais d'elle.

CHARLOTTE.
Mon père, au delà de l'époux, je vois l'ami, et l'ami pardonnera ses faiblesses à la meilleure des amies.

RUHBERG.
Vous le voulez, Dieu le veuille, Frédéric, tu es l'homme, c'est-à-dire la force. Songe bien que les labeurs et les soucis de l'existence te regardent; quand tu les auras supportés toute la journée, secoueles à la porte comme fait un pèlerin de la poussière de la route, et rentre joyeux à la maison. Respecte l'âme de l'épouse et de la mère, quand même elle n'aurait plus ce fard virginal que tes lèvres effaceront un jour de la joue de la jeune fille. Sois maître toujours, jamais tyran. Ordonne, ne torture pas. — Charlotte, tu es la femme, c'est-à-dire la faiblesse, mais en même temps le charme de la maison. Après les soucis et les labeurs de l'existence, que ton époux trouve en toi la tendresse qui console de toutes les peines, la gaieté qui les fait oublier. Ces devoirs vous seront toujours chers? Vous le promettez l'un et l'autre?

FRÉDÉRIC.
Toujours, mon père.

CHARLOTTE.
Toujours.

RUHBERG.
Alors embrassez-vous, vous avez ma bénédiction ; je demanderai pour vous celle de votre mère. Je l'attends. Laissez-moi avec elle j'ai à lui parler de choses qui, si elles étaient dites devant vous mes enfants, attristeraient vos pauvres cœurs. Pas de nuages pour vous, s'il est possible, dans un jour comme celui-ci; allez.

(*Frédéric et Charlotte remontent vers le jardin, là, Charlotte s'arrête, puis elle revient se jeter dans les bras de son père et sort avec Frédéric.*)

SCÈNE VIII.

RUHBERG, MADAME DE RUHBERG.

MADAME DE RUHBERG, venant de la porte à droite.
Charlotte avec M. Alden!

RUHBERG, l'invitant à s'asseoir.
Je vous expliquerai cela tout à l'heure, madame; venez, j'ai à vous parler.

MADAME DE RUHBERG.
Comme vous me dites cela gravement, mon ami.

RUHBERG, prend une chaise au fond.
C'est que j'ai à vous parler de choses graves.

MADAME DE RUHBERG.
Il me semble que vous avez pleuré.

RUHBERG.
Avec les jeunes années, le temps du sourire passe. Je réclame toute votre attention, et si, par hasard, dans ce que je vais vous dire, il sortait de ma bouche un mot qui vous blessât, je proteste d'abord que ce serait contre mon intention.

MADAME DE RUHBERG.
Rien ne peut me blesser de votre part, mon ami.

RUHBERG, s'asseyant.
Lorsque vous voulûtes bien m'accepter pour époux, j'étais pauvre et vous riche.

MADAME DE RUHBERG.
Monsieur!

RUHBERG.
Il est besoin d'établir cela. Élevée au milieu du luxe d'une grande vie vous n'eûtes point le courage de réformer ce luxe, et moi je n'eus point la force de vous rien refuser. Vous avez vécu, madame, non point selon notre état, mais selon votre naissance. Je me suis contenté d'épargner le plus possible sur la dépense. Cette économie vous a permis d'être heureuse une année ou deux de plus, puisque votre bonheur était dans le luxe. J'ai tenu les comptes les plus exacts, je ne dirai pas de notre fortune, mais de votre fortune : vous êtes complétement ruinée, madame.

MADAME DE RUHBERG.
Ruinée!

RUHBERG.
J'ai là dans mon bureau la justification de ma gérance, les comptes de mon administration.

MADAME DE RUHBERG.
Des comptes à moi ! mon mari serait obligé de me rendre des comptes! ah ! voilà ce que vous aviez prévu, voilà ce qui me blesse.

RUHBERG.
Vous ne me comprenez point. Il fallait vous prouver que lorsque je vous épousai, je recherchais votre cœur et non votre fortune. Il fallait vous prouver que cette fortune est bien restée la vôtre, et que la moindre parcelle n'en a jamais été distraite, même pour l'éducation de nos enfants. Maintenant, ma chère, il ne nous reste que mon traitement de receveur de l'État : quinze cents florins. Vous voyez qu'il est impossible avec cela de soutenir une maison qui, jusqu'à présent, en a dépensé six ou huit mille par an. De mon côté je n'aurai pas de changements à faire dans mon existence, j'ai toujours vécu comme un simple employé; mais du vôtre, ce sera différent.

MADAME DE RUHBERG, se levant.
Je me soumettrai à tout, monsieur, ne regrettant qu'une chose, c'est que mon repentir ne puisse expier mes fautes.

RUHBERG.
De sa sincérité dépendra désormais le repos de notre vie. Quant à ce qui regarde Charlotte, il s'est trouvé pour elle un parti. Le jeune Alden l'aime et il vient de me demander sa main.

MADAME DE RUHBERG.
Et vous la lui avez accordée?

RUHBERG.
Avec joie.

LA CONSCIENCE.

MADAME DE RUHBERG.

C'est un pauvre mariage que fera là notre chère enfant, monsieur.

RUHBERG.

Ah ! vous trouvez ?

MADAME DE RUHBERG.

Rang, éducation, relations du monde; tout donnait à notre Charlotte le droit d'espérer mieux.

RUHBERG.

Vraiment !

MADAME DE RUHBERG.

Sans compter que nous sommes de noblesse.

RUHBERG, *remontant*.

Petite noblesse, madame, de mon côté du moins : noblesse de robe.

MADAME DE RUHBERG.

Et que cette mésalliance pourra nuire aux vues de son frère.

RUHBERG, *redescendant*.

Oui ! sur Mlle de Kœnigstein, une jeune fille, riche, noble, orgueilleuse, pour laquelle Édouard se ruine, et qui ne consentira jamais à l'épouser. Je sais que vous allez traiter cette opinion d'extravagante; je sais que, grâce à vos folles dépenses, vous et votre fils vous vous croyez près d'arriver au but, mais j'y vois clair; et je vous déclare qu'aujourd'hui, Édouard aura la promesse de la jeune fille ou qu'il ne retournera plus dans cette maison.

MADAME DE RUHBERG.

En lui donnant un si court délai, vous perdez certainement l'occasion d'établir votre fils.

RUHBERG.

Tant mieux !

MADAME DE RUHBERG.

Tant mieux ! dites-vous ?

RUHBERG.

Oui, je remercierai Dieu de toute mon âme, lorsqu'il permettra qu'un bon et loyal jeune homme soit ramené de la société des joueurs et des hommes dissipés dans celle des honnêtes gens. (*Il sonne.*) Chrétien !

SCÈNE IX.

LES MÊMES, CHRÉTIEN.

CHRÉTIEN.

Monsieur a sonné ?

RUHBERG.

Allez dire à Édouard que sa mère voudrait lui parler.

CHRÉTIEN, *embarrassé remontant la chaise de Ruhberg*.

Oui, monsieur.... j'y vais....

RUHBERG.

Vous connaissez mes intentions, madame ; j'entends que dans les vingt-quatre heures la famille de Kœnigstein ait pris une décision à l'égard de votre fils. (*A Chrétien, qui n'est pas sorti.*) Eh bien !

CHRÉTIEN, *avec embarras*.

C'est que M. Édouard....

MADAME DE RUHBERG, *vivement*.

Je le verrai tantôt. (*A son mari.*) Vous désiriez, mon ami, me remettre des papiers....

RUHBERG.

Des comptes ? Oui, madame, je vous sais gré de votre empressement à les vérifier.

MADAME DE RUHBERG.

Oh ! monsieur !...

RUHBERG.

Venez.

MADAME DE RUHBERG, *bas à Chrétien*.

Chrétien, mon fils n'est pas chez lui ?

CHRÉTIEN, *de même*.

Non, madame.

MADAME DE RUHBERG.

Est-il déjà sorti? ou n'est-il pas rentré depuis hier ?

CHRÉTIEN.

Il n'est pas rentré, madame.

MADAME DE RUHBERG.

Plus bas ! Attendez-le ici et prévenez-moi dès qu'il sera de retour. (*Haut à M. Ruhberg.*) Me voilà, mon ami, je vous suis. (*Ils entrent tous deux dans le bureau.*)

SCÈNE X.

CHRÉTIEN.

Attendre ! Dieu sait combien de temps j'attendrai. Mais si M. Édouard ne revient pas, il vient du monde pour lui. Cinq papiers timbrés et sept ou huit factures pour aujourd'hui seulement, et il n'est pas encore dix heures du matin.

SCÈNE XI.

CHRÉTIEN, HENRIETTE, *puis* SALOMON.

HENRIETTE.

Monsieur Chrétien, il y a dans l'antichambre plusieurs fournisseurs et un homme bien laid et bien mal mis, qui tous demandent M. Édouard.

CHRÉTIEN.

Il n'y est pas !

SALOMON, *passant la tête à la porte du fond*.

Peut-on entrer ? (*Il se glisse d'un air patelin dans le salon.*)

CHRÉTIEN.

Ah ! c'est encore vous ?

HENRIETTE, *bas à Chrétien*.

C'est celui-là que je trouve si laid !

CHRÉTIEN.

Que venez-vous faire ici ?

SALOMON.

Je viens pour dire un mot à ce cher M. Édouard.

CHRÉTIEN.

Que lui voulez-vous ? Il n'est point à la maison.

SALOMON.

Ah ! j'en suis fâché.

CHRÉTIEN.

Dites-moi ce que vous avez à lui dire et je le lui répéterai.

SALOMON.

Eh bien ! je voulais lui faire savoir que la petite traite.... la petite traite.... la petite traite de cent louis, vous savez bien ?

CHRÉTIEN.

Non, je ne sais pas.

SALOMON.

Ah ! vous ne savez pas ! Eh bien ! j'ai eu besoin d'argent, j'ai été forcé de m'en dessaisir; de sorte qu'elle n'est plus entre mes mains, et que celui chez qui elle est, n'ayant pas les mêmes raisons que moi pour ménager M. Édouard....

CHRÉTIEN.

Eh bien !

SALOMON.

A pris jugement contre lui.... jugement exécutoire.

CHRÉTIEN.

Ce qui veut dire que si M. Édouard ne paye pas....

SALOMON.

Dans les vingt-quatre heures....

CHRÉTIEN.

Il sera arrêté.

SALOMON.

Cela me fait bien de la peine....

CHRÉTIEN.

Brigand !

SALOMON.

Plaît-il ?

CHRÉTIEN.

Je t'appelle par ton nom, maudit. (*Bas à Henriette.*) Tâchez de nous débarrasser de tout ce monde qui est là.

HENRIETTE, *bas*.

Ils ne veulent pas s'en aller. Ils disent qu'ils attendront M. Édouard, dussent-ils l'attendre jusqu'à demain.

SALOMON.

Je suis sûr que cette gentille demoiselle vous annonce tout bas que M. Édouard est rentré ?

CHRÉTIEN.

Voulez-vous savoir ce qu'elle dit ?

SALOMON.

Je ne suis pas curieux, mais puisque vous m'offrez....

CHRÉTIEN.

Elle dit que Mme de Ruhberg vous a vu entrer.

SALOMON.

Pauvre chère dame, Dieu lui conserve les yeux.

CHRÉTIEN.

Et que, fort inquiète de savoir chez elle un homme de si mauvaise mine, elle me prie de lui faire dire qui vous êtes ?

Et vous lui répondez ?
SALOMON.
CHRÉTIEN.
Que vous êtes un vieux coquin que je vais mettre à la porte.
SALOMON, menaçant.
Monsieur Chrétien !
CHRÉTIEN.
Monsieur Salomon !
SALOMON, avec beaucoup de douceur.
Votre très-humble serviteur, monsieur Chrétien.

SCÈNE XII.

LES MÊMES, moins SALOMON.

CHRÉTIEN.
Quand on pense que la loi ne peut mettre le pied sur ces reptiles-là ; qu'ils lui échappent, et qu'à l'abri de toute poursuite ils peuvent effrontément dévorer le peu de substance qui nous reste !
HENRIETTE.
Ah ! vous avez raison, monsieur Chrétien ; je crois qu'il ne nous reste pas grand'chose, à en juger par ce qui se passe. Vous savez ? madame me renvoie.
CHRÉTIEN.
Je me doutais que cela ne tarderait pas.
HENRIETTE.
Elle me renvoie ainsi que l'autre femme de chambre. En outre, monsieur vend ses chevaux et a réglé les comptes du cocher, du domestique et du cuisinier, si bien que maintenant.... (On entend du bruit dans l'antichambre.) Qu'est-ce que c'est que cela ?
CHRÉTIEN.
C'est M. Édouard qui rentre et qui secoue les fournisseurs.
HENRIETTE, effrayée.
Ah ! mon Dieu !
CHRÉTIEN, ouvrant la porte du jardin.
Passez par ici, si vous craignez de vous trouver au milieu de la bagarre.
HENRIETTE.
Dois-je dire à madame que M. Édouard est rentré ?
CHRÉTIEN.
Oui.... non.... laissez-moi ce soin.... (Henriette s'enfuit.)

SCÈNE XIII.

CHRÉTIEN, ÉDOUARD, très-richement habillé, mais en désordre.

ÉDOUARD, fermant la porte avec violence.
Allez-vous-en au diable ! Chrétien, qu'est-ce que tous ces misérables qui encombrent l'antichambre ?
CHRÉTIEN.
Hélas ! monsieur, ces misérables, ce sont des gens à qui vous avez acheté des bijoux, ou à qui vous avez emprunté de l'argent et qui aujourd'hui veulent être payés.
ÉDOUARD.
J'avais défendu qu'on laissât entrer toute cette canaille-là.
CHRÉTIEN.
Oui, mais elle est entrée malgré la défense.
ÉDOUARD.
N'y a-t-il donc plus de domestiques ici ? Que font le cocher, le cuisinier, le valet de chambre ?
CHRÉTIEN.
Ils font leurs malles.
SALOMON, entr'ouvrant la porte.
J'en suis bien fâché, monsieur Ruhberg, mais il faut payer.
ÉDOUARD.
Encore !
CHRÉTIEN.
Attends-moi. (Il s'élance sur les pas de Salomon qui prend la fuite.)

SCÈNE XIV.

ÉDOUARD, seul.

Oh ! quelle vie, mon Dieu ! le cuisinier, le valet de chambre et le cocher font leurs malles. C'est donc vrai ce que me disait ma mère, que nous étions ruinés. Ah ! ma pauvre mère ! et quand on pense qu'il ne me faudrait qu'une bonne veine pour réparer cela ; que cette nuit, j'ai eu jusqu'à quinze mille florins devant qu'avec le double de cette somme, je payais mes dettes et ne plus... J'ai voulu doubler.... j'ai perdu. Chrétien ! Chrétien !

SCÈNE XV.

ÉDOUARD, CHRÉTIEN.

CHRÉTIEN.
Eh ! monsieur, un peu de patience. C'est fort difficile à m à la porte les gens qui viennent réclamer de l'argent.
ÉDOUARD.
Enfin, ils sont partis ?
CHRÉTIEN.
Oui.
ÉDOUARD.
Et vais-je avoir un quart d'heure de tranquillité ?
CHRÉTIEN.
Je l'espère.
ÉDOUARD, tirant sa montre et sa chaîne de son gousset et son ép de sa cravate.
Tiens, Chrétien.
CHRÉTIEN.
Que voulez-vous ?
ÉDOUARD.
Il me faut de l'argent ; vends cette montre et cette épingle, valent cent louis.
CHRÉTIEN.
Mais, monsieur, à peine m'en donnera-t-on trente.
ÉDOUARD.
Si l'on t'en donne trente, prends-les.
CHRÉTIEN.
Oh ! monsieur.
ÉDOUARD.
Va, cours.
CHRÉTIEN.
Vous le voulez ?
ÉDOUARD.
Oui, il faut que je retourne d'où je viens. Attends, mon p a-t-il demandé après moi ?
CHRÉTIEN.
Oui, monsieur.
ÉDOUARD.
Combien de fois ?
CHRÉTIEN.
Une fois hier et une fois ce matin.
ÉDOUARD.
Et ma mère ?
CHRÉTIEN.
Toujours.
ÉDOUARD.
Pauvre mère ! (Apercevant Charlotte.) Ma sœur ! (A Chrétien.) et ne dis pas un mot. Il me faut de l'argent, il m'en faut : et ne donnât-on que vingt louis, prends toujours.... va !

SCÈNE XVI.

ÉDOUARD, CHARLOTTE.

CHARLOTTE, se jetant dans ses bras.
Bonjour, Édouard.
ÉDOUARD.
Bonjour, sœur.
CHARLOTTE.
Tu n'es pas rentré cette nuit ?
ÉDOUARD.
Tu le vois bien !
CHARLOTTE, tristement.
C'est mal, Édouard !
ÉDOUARD, allant s'asseoir dans le fauteuil à droite.
Allons, ne vas-tu pas me faire de la morale, petite fille !
CHARLOTTE, s'appuyant sur son épaule.
Mon Édouard, je ne te fais pas de morale mais je te d Quand tu ne rentres pas, je pleure, ma mère pleure. Et m père.... Dieu te pardonne, Édouard, car tu ne fais pas la ch méchamment.... mon père pleure aussi.
ÉDOUARD.
Que veux-tu, mon enfant ? je suis dehors, dans un monde où m'amuse ; une discussion intéressante entraîne, elle mène plus ta

qu'on ne croit, quelqu'un propose de souper, on soupe, et la nuit se passe ainsi.

CHARLOTTE.
Édouard, Édouard! le monde nous a pris ton cœur, pourvu qu'il sache l'apprécier.

ÉDOUARD.
Le cœur du fils et du frère est toujours avec vous; seulement, c'est vrai, le cœur de l'amant est ailleurs.

CHARLOTTE.
Et cette femme pour laquelle tu fais tant de sacrifices, t'aime-t-elle au moins?

ÉDOUARD.
Je l'espère.

CHARLOTTE.
Elle ne te l'a donc pas dit?

ÉDOUARD.
Non, mais elle me l'a laissé deviner.

CHARLOTTE.
Édouard, quand on aime les gens, on ne le leur laisse pas deviner, on le leur dit.

ÉDOUARD.
Charlotte!

CHARLOTTE.
Oui, et je trouve cela tout simple; j'aimais Frédéric Alden et je le lui ai dit, moi.

ÉDOUARD.
Et qu'en ont pensé nos parents?

CHARLOTTE.
Ils ont pensé que j'avais bien fait.

ÉDOUARD, se levant.
Oui, cela se passe ainsi dans la bourgeoisie.

CHARLOTTE.
Dans la bourgeoisie! C'est cette ambition de sortir de la bourgeoisie qui te perdra.

ÉDOUARD.
Je vois que ma sœur me regarde d'avance comme perdu.

CHARLOTTE.
Si tu voulais, comme nous pourrions encore être heureux!

ÉDOUARD.
Sois tranquille, petite sœur, tout ira au mieux.

CHARLOTTE, *le conduisant devant la glace à gauche.*
Et en attendant, regarde-toi dans cette glace.

ÉDOUARD.
Des émotions du jeu; j'ai perdu. (*Il marche à grands pas.*)

CHARLOTTE.
Édouard!

ÉDOUARD.
Eh bien!

CHARLOTTE.
Je comprends, tu as besoin d'argent. Je n'en ai pas beaucoup, mais je serai si heureuse si tu veux l'accepter. Tiens, mon frère.

ÉDOUARD.
Quoi!

CHARLOTTE.
Voilà ma bourse.

ÉDOUARD.
Charlotte!

CHARLOTTE.
Oui, je sais bien, c'est peu ; mais je n'ai jamais eu de bijoux, et c'est tout ce que j'ai d'argent. N'importe, prends toujours.

ÉDOUARD, *mettant ses mains sur ses yeux et se laissant tomber dans le fauteuil, à droite.*
Ah!

CHARLOTTE, *apercevant Mme de Ruhberg, qui vient d'entrer et qui a écouté.*
Ma mère!

SCÈNE XVII.

LES MÊMES, MADAME DE RUHBERG.

(*Charlotte court au-devant de sa mère et l'embrasse tendrement.*)

CHARLOTTE.
Soyez bonne pour lui.

MADAME DE RUHBERG.
Hélas! ce n'est point ma sévérité qu'il a à craindre. Édouard.

ÉDOUARD, *tressaillant, se levant et allant à sa mère.*
Ma mère!

MADAME DE RUHBERG.
Tu as encore perdu.

ÉDOUARD.
Oui!

MADAME DE RUHBERG.
Beaucoup?

ÉDOUARD.
Trop!

MADAME DE RUHBERG.
Sais-tu que notre fortune est épuisée.

ÉDOUARD.
Je le sais.

MADAME DE RUHBERG.
Sais-tu que nous sommes pauvres.... très-pauvres?

ÉDOUARD.
Bonne chère mère.

MADAME DE RUHBERG.
Écoute, les choses ne peuvent rester plus longtemps en cet état.

ÉDOUARD.
Je le comprends!

MADAME DE RUHBERG.
Il faut que celle que tu aimes agrée ou repousse ton amour, te dise oui ou non, ton père l'exige.

ÉDOUARD.
Oui, ma mère; il a raison, il le faut.

MADAME DE RUHBERG.
Et si elle te refusait?

CHARLOTTE, *vivement.*
Elle l'aime! il le croit du moins.

ÉDOUARD.
Elle m'aime, ma mère.

MADAME DE RUHBERG.
Te refuser! Penser qu'une femme peut refuser mon fils parce qu'il n'est point assez riche, parce que la fortune à laquelle il avait droit je l'ai follement dépensée.

ÉDOUARD.
Ne dites donc pas de ces choses-là, ma mère.

MADAME DE RUHBERG.
Pauvre! pauvre! Je suis pauvre, et pour être heureux, mon fils a besoin d'argent.

ÉDOUARD.
Ma mère, ma mère, je vous jure que tout se décidera aujourd'hui.

MADAME DE RUHBERG.
Mais si elle te refuse, malheureux?

ÉDOUARD.
Eh bien! ma mère, ne serez-vous pas là? Vous me consolerez de mon amour brisé, et moi, je m'efforcerai de vous distraire de votre fortune perdue. Ah! moi, si elle me refuse.... ah! moi, qui ai répondu d'elle, j'aurai bien des torts à réparer envers ma sœur, envers vous.... envers mon père, et peut-être envers moi-même. Si elle me refuse!... oh! ma mère, si elle me refuse, je serai bien malheureux!

MADAME DE RUHBERG.
Voici ton père.

SCÈNE XVIII.

LES MÊMES, RUHBERG.

RUHBERG.
Édouard, votre mère vous a fait connaître ma volonté?

ÉDOUARD.
Oui, mon père.

RUHBERG.
Vous avez pleuré?

ÉDOUARD.
Ma mère est malheureuse!

RUHBERG.
Par votre faute.

MADAME DE RUHBERG.
Mon ami!

CHARLOTTE.
De grâce!

MADAME DE RUHBERG.
Épargnez-le!...

RUHBERG.
Édouard, je veux que vous vous rendiez sur l'heure auprès de la famille de Kœnigstein. Il me faut de sa part une réponse nette et précise.

ÉDOUARD.
Vous l'aurez, mon père; permettez-moi d'espérer qu'elle sera satisfaisante. Si vous aviez consenti à venir une fois seulement dans la maison, vous auriez vu....

RUHBERG

Ce que vous ne voyez pas, vous.... qu'on vous y méprise.

ÉDOUARD

Mon père !

RUHBERG

Assez. Vous pourriez être le premier de votre classe, vous aimez mieux être le dernier d'une autre : allez me chercher cette réponse, je l'attends.... Seulement, comme on vous a vu cette montre, cette épingle, reprenez-les. Vous aviez besoin de trente louis, les voilà.... mais ne les joue pas, Édouard.... ce sont les derniers....

ÉDOUARD

Mon père !

RUHBERG

Eh bien ! qu'y a-t-il ?

ÉDOUARD

Gardez cet argent, gardez !

RUHBERG

Pourquoi ?

ÉDOUARD

Je n'en veux pas.... je reste ici.

MADAME DE RUHBERG

Mon fils !

ÉDOUARD

Non ! non ! je n'irai plus jamais. Ne me quittez pas, ma mère, ma sœur. Dites-moi que vous pouvez me pardonner, et je ne retourne pas dans la maison maudite.

RUHBERG

Bien, Édouard ; mais, pour que je puisse compter sur ta résolution, il faut qu'elle ait été mise à l'épreuve, prends. Si, à ton retour, tu as pu résister à la tentation fatale ; si tu es su triompher de toi-même, alors, mon fils, tu auras fait quelque chose de grand, alors tu pourras tenir la promesse que tu nous feras. C'est moi-même qui t'ouvre la porte, c'est moi qui t'invite à sortir. Va chez Mlle de Kœnigstein.

ÉDOUARD

Mon père....

RUHBERG

Va ! j'attendrai ton retour pour t'embrasser.

ACTE SECOND.

Même décor.

SCÈNE I.

CHRÉTIEN, *seul.*

Chrétien, vous rangerez le salon. » Ranger ! ranger ! si cela continue, ce sera bien facile avant peu de ranger dans la maison. Il n'y aura plus rien.

SCÈNE II.

CHRÉTIEN, UN VALET DE CHAMBRE *en grande livrée.*

LE VALET

Pardon, il n'y a personne pour me répondre, j'entre.

CHRÉTIEN

Que voulez-vous, mon ami ?

LE VALET

M. Édouard Ruhberg est-il à la maison ?

CHRÉTIEN

Non, pas pour le moment. Que lui voulez-vous ?

LE VALET

Une lettre de mon maître, le baron de Daunberg, il s'agit d'une dette de jeu.

CHRÉTIEN, *apercevant M. de Ruhberg qui revient de la caisse.*

Chut ! ne dites rien devant le père !

LE VALET

Je comprends....

CHRÉTIEN

S'il y a une réponse, je vous la ferai porter.

LE VALET

Non, je vais à l'hôtel d'Europe, en repassant j'entrerai pour savoir si M. Édouard est rentré.

CHRÉTIEN

Allez. *(Le valet sort.)*

SCÈNE III.

RUHBERG, MADAME DE RUHBERG, CHRÉTIEN.

RUHBERG

Qu'est-ce que cet homme ?

CHRÉTIEN

Le valet de chambre du baron de Daunberg, qui apportait un billet de son maître pour M. Édouard.

RUHBERG

Alors il n'est pas rentré ?

CHRÉTIEN

Pas encore.

MADAME DE RUHBERG

Mais il ne peut tarder maintenant.

RUHBERG

Chrétien, veillez dans l'antichambre, j'attends M. Alden.

CHRÉTIEN

Oui, monsieur.

RUHBERG

S'il y avait quelque créancier, quelque huissier dans l'antichambre, attendant Édouard, tâchez de les éloigner et qu'ils ne se trouvent pas en contact avec le vérificateur.

CHRÉTIEN

Je ferai ce que je pourrai, monsieur.

SCÈNE IV.

RUHBERG, MADAME DE RUHBERG.

RUHBERG

Brave Chrétien ! je le sais que tu feras ce que tu pourras ; tout le monde ici fait ce qu'il peut et vous la première, chère amie ; laissez-moi vous remercier, vous vous êtes bravement exécutée : maintenant il y aura un dernier sacrifice à faire.

MADAME DE RUHBERG

Lequel ?

RUHBERG

Cette maison à mettre en vente.

MADAME DE RUHBERG

O mon Dieu ! une maison que nous habitons depuis vingt-quatre ans, une maison que mon père tenait de son père !

RUHBERG

Aimez-vous mieux que nous ayons des dettes ? aimez-vous mieux que nous soyons poursuivis ? aimez-vous mieux qu'on doute de moi et que je sois forcé de donner ma démission de receveur de l'État ?

MADAME DE RUHBERG

Oh ! mon Dieu, non. Votre place est notre seule ressource. Vous vendrez la maison, mon ami.

RUHBERG

Silence. Voici M. Alden qui vient arrêter avec moi les conditions du mariage de nos enfants. Avez-vous fait faire un peu de feu dans ma chambre ?

MADAME DE RUHBERG

Oui.

SCÈNE V.

LES MÊMES, ALDEN, CHARLOTTE.

CHARLOTTE

Est-ce que vous n'aimez pas autant que ce soit moi qui vous introduise qu'un domestique ?

ALDEN

Si fait, mais je ne voulais pas vous déranger.

CHARLOTTE

Vous ne me dérangez pas. Je savais que vous deviez venir et je vous attendais.

ALDEN

Vous êtes une belle enfant et une honnête fille, mademoiselle.

RUHBERG

Soyez le bienvenu, monsieur Alden.

ALDEN.
Serviteur, monsieur le conseiller (*sèchement*), serviteur, madame.

MADAME DE RUHBERG.
Monsieur...

ALDEN.
Je viens plus tôt que vous ne m'attendiez, peut-être?

RUHBERG.
A toute heure vous êtes le bienvenu. Mais où est notre avocat?

ALDEN.
Au palais où il plaide. Aussitôt son homme condamné ou absous, il est ici.

CHARLOTTE.
Oh! je suis bien sûre qu'il gagnera sa cause.

ALDEN.
Oui-da! Savez-vous que vous avez là une charmante enfant, madame! Quel âge?

MADAME DE RUHBERG.
Dix-sept ans!

ALDEN.
Ah! eh bien, voyons, les deux enfants veulent donc se marier?

RUHBERG.
Il paraît.

ALDEN.
Soit, je n'y vois pas d'inconvénient.

MADAME DE RUHBERG, *piquée, va s'asseoir à gauche*.
Vous n'en voyez pas! En vérité, c'est bien flatteur pour nous, monsieur Alden.

ALDEN.
Oh! ne vous y trompez pas. Cela n'a pas toujours été ainsi.

MADAME DE RUHBERG.
Ah! monsieur le vérificateur, c'est la première fois que j'entends pareille chose.

ALDEN.
Pourquoi ne l'entendriez-vous pas, puisque c'est la vérité?

MADAME DE RUHBERG.
Ainsi, ce mariage vous déplaisait?

ALDEN.
C'est-à-dire que, lorsque mon fils m'en a parlé la première fois, j'eusse autant aimé m'être cassé une jambe.

MADAME DE RUHBERG.
Grand merci, monsieur.

ALDEN.
Oh! moi, je ne sais pas dissimuler; chacun d'ailleurs a pour ses enfants des projets arrêtés. Donc l'affaire me déplut d'abord, mais bientôt après je me dis : la fille est bonne, le père est honnête, la mère seule a une tête un peu éventée....

MADAME DE RUHBERG.
Monsieur!

ALDEN.
Mon fils a donné sa parole, et comme je n'ai jamais manqué à ma promesse, je ne veux pas que mon fils manque à la sienne.... Alors j'ai consenti.

MADAME DE RUHBERG.
En vérité?

CHARLOTTE.
Ma mère!

RUHBERG.
Madame, il est ainsi fait. Vous ne le changerez point, n'est-ce pas?

CHARLOTTE.
Écoutez, venez par ici (*elle entraîne Alden à droite*); pour vous récompenser d'avoir consenti à notre mariage, votre distraction, votre joie, votre bonheur seront notre seule pensée.

ALDEN.
Vrai, mon enfant?

CHARLOTTE.
Oh! je vous le jure en mon nom et au nom de Frédéric.

ALDEN.
Alors, vous vous chargez de moi?

CHARLOTTE.
Je crois bien. Vous vivriez chez nous, avec nous et vous verrez comme nous vous soignerons.

ALDEN.
Cela ne fera pas de mal. Il y a déjà cinq ans que j'ai perdu ma pauvre Marguerite, ma femme bien-aimée, qui avait dix ans de moins que moi. Je comptais un peu sur elle pour ma vieillesse. Elle aurait dû me survivre dans l'ordre ordinaire des choses. Au contraire elle est partie devant. Mon fils a ses affaires, son étude, son état; d'ailleurs les hommes.... De sorte que je n'ai plus personne qui me soigne quand, de temps en temps, la vieillesse me fait dire : « Attends-moi, Marguerite, je suis là, je viens! » Notre corps renferme un tas de serviteurs qui nous obéissent sans réplique tant que nous sommes jeunes. Faut-il allonger la jambe? la jambe s'allonge toute seule; faut-il lever le bras? le bras est en l'air avant que la pensée ait eu le temps de lui en faire le commandement. Mais il arrive une heure, ma belle enfant, où ces domestiques, il est vrai, nous servent encore, mais à tout propos raisonnent, font des observations, geignent, jusqu'à ce que, un beau jour, ils refusent tout à fait le service. Alors, bonsoir, il faut partir. Grâce à Dieu, je n'en suis pas là et j'ai encore dix bonnes années à vous faire enrager. Embrasse-moi, mon enfant, et nous autres, monsieur le conseiller, allons bâcler l'affaire (*il prend le bras du conseiller*). Madame de Ruhberg, votre serviteur.... Ah! de quel côté allons-nous?

RUHBERG.
Par ici, monsieur Alden, par ici.

(*Ils sortent par la droite.*)

SCÈNE VI.

MADAME DE RUHBERG, CHARLOTTE.

CHARLOTTE.
Quel digne homme que ce M. Alden, n'est-ce pas, ma mère?

MADAME DE RUHBERG.
Il faut s'y habituer, il est un peu rude.

CHARLOTTE.
Oui, mais au delà de cette écorce....

(*Chrétien entre et lui parle.*)

MADAME DE RUHBERG.
Que dit Chrétien?

CHARLOTTE.
Mon frère rentre avec un de ses amis, M. de Ritan, et Chrétien pense qu'ils voudraient être seuls?

MADAME DE RUHBERG.
Mon Dieu! qu'y a-t-il encore de nouveau?

CHARLOTTE.
Descendons au jardin, maman, et aussitôt que M. de Ritan sera parti, Chrétien nous préviendra; n'est-ce pas, Chrétien?

CHRÉTIEN.
Je n'y manquerai pas, mademoiselle.

CHARLOTTE.
Venez, maman.

MADAME DE RUHBERG.
Oh! pourvu que tout cela ne finisse pas plus mal encore que nous ne le craignons.

CHARLOTTE.
Bon courage, ma mère, Dieu est là!

(*Elles sortent.*)

SCÈNE VII.

CHRÉTIEN, *seul*.

J'ai peur que, pour le moment, ce ne soit plutôt le diable. J'ai vu venir de loin M. Édouard, et il avait un air si sombre!

SCÈNE VIII.

CHRÉTIEN, ÉDOUARD, LE BARON RITAN.

RITAN.
Allons, haut la tête, du courage, n'es-tu plus un homme?

ÉDOUARD.
Oui, tu as raison, Ritan, du courage.

RITAN.
Que diable! ce n'est pas d'hier que tu joues, la chance tourne.

ÉDOUARD.
Depuis quelque temps, mon cher, elle a cessé de tourner et je l'ai contre moi.

CHRÉTIEN, *à part*.
Je parierais qu'au lieu d'aller chez Mlle de Kœnigstein, il a encore été jouer!...

RITAN.
Mais c'est qu'aussi, ma parole d'honneur, tu t'obstinais cette nuit sur la rouge....

ÉDOUARD.
Oui, mon obstination m'a coûté cher. J'ai perdu tout ce que j'avais, plus, mille écus sur parole avec le baron Daunberg.

CHRÉTIEN.
A propos du baron Daunberg, son valet de chambre sort d'ici.

ÉDOUARD.
Ah!

CHRÉTIEN.
Et il a remis pour monsieur ce billet de son maître.

ÉDOUARD.
Oui, je sais ce que c'est. (*Il froisse le billet.*)

RITAN.
Tu ne lis pas ce billet?

ÉDOUARD.
A quoi bon? Il me demande ses mille écus, parbleu! J'avais promis qu'ils seraient chez lui à neuf heures, et il est midi.

CHRÉTIEN.
Le domestique a dit qu'en revenant de l'hôtel d'Europe, il repasserait par ici.

ÉDOUARD, *il va s'asseoir à gauche.*
C'est bien! Laisse-nous, Chrétien.

CHRÉTIEN.
C'est que j'ai encore à remettre à monsieur....

ÉDOUARD.
Quoi?

CHRÉTIEN.
Un autre papier.

ÉDOUARD.
Donne!

CHRÉTIEN.
Celui-ci est timbré.

ÉDOUARD.
Laisse-nous. (*Il lit.*) Décidément, c'est une malédiction.

RITAN.
Qu'y a-t-il?

ÉDOUARD.
Il y a que jusqu'à présent nous en avons été quittes pour l'éclair! Voilà la foudre!

RITAN.
Enfin, parle!

ÉDOUARD.
Tu sais, cette affaire de douze cents florins?...

RITAN.
Pour laquelle on te poursuivait?

ÉDOUARD.
On vient d'obtenir à la chancellerie un décret d'arrestation contre moi.

RITAN.
Diable! ceci devient plus sérieux!

ÉDOUARD, *amèrement et se levant.*
Oui, cela brûle! aussi, vois! (*Il s'essuie le front et montre sa main mouillée par la sueur.*) Allons, il n'y a plus d'autre ressource! Ritan, puis-je compter sur toi?

RITAN.
Parbleu! excepté pour de l'argent. Je suis sans le sou, et il s'écoulera bien trois jours avant qu'une somme assez considérable que j'attends...

ÉDOUARD.
Il ne s'agit point d'argent. Ce matin, j'étais parti pour aller chez Mlle de Kœnigstein.

RITAN.
Bon, je comprends.

ÉDOUARD.
J'avais promis à mon père de rapporter un oui ou un non, mais me défiant de ma hardiesse à solliciter de vive voix une pareille réponse, j'avais préparé une lettre. En passant devant la maison de jeu, j'ai pensé que j'avais trente louis dans ma poche, qu'avec ces trente louis et un peu de bonheur je pouvais faire sauter la banque, et que si j'avais deux ou trois cent mille écus, je serais bien plus hardi pour parler mariage. Je suis entré. J'ai tout perdu.

RITAN.
Et tu m'as ramené ici?...

ÉDOUARD.
Pour te prier de me rendre un service. Il faut qu'aujourd'hui mon sort se décide. Va chez Mlle de Kœnisgtein et remets-lui cette lettre.

RITAN.
Cette lettre?

ÉDOUARD.
Oui.

RITAN.
Cette lettre! C'est celle du baron Daunberg!

ÉDOUARD.
C'est vrai. (*Avec désespoir.*) Tu étais là cette nuit. Pourquoi ne m'as-tu pas dit de ne pas m'entêter sur cette rouge?

RITAN.
Eh! je te l'ai dit, morbleu! tu ne m'écoutais pas.

ÉDOUARD.
Pourquoi ne m'as-tu pas pris par les cheveux? Pourquoi ne m'as-tu pas arraché de la table?

RITAN.
Avec cela que tu es facile à manier quand tu perds.

ÉDOUARD.
Ah! tu eusses été mon bon ange, Ritan, mon ami, J'ai bien envie pour en finir de me faire sauter la cervelle.

RITAN.
Beau moyen! d'ailleurs tu n'as pas lu cette lettre, peut-être est-elle moins pressante que tu ne le crois.

ÉDOUARD, *lisant.*
« Monsieur, vous avez perdu cette nuit mille écus contre moi; ils devaient m'être payés à neuf heures du matin. Il est midi et j'attends encore.

« Remettez, je vous prie, les mille écus à mon domestique, qui vous payera une dette que j'ai retardée parce qu'elle n'est pas une dette d'honneur. « BARON DAUNBERG. »

ÉDOUARD.
Tu vois; allons, va chez Mme de Kœnigstein.

RITAN.
La lettre?

ÉDOUARD.
La voici.

RITAN, *revenant.*
Comptes-tu beaucoup sur cette démarche?

ÉDOUARD.
Que veux-tu dire?

RITAN.
Je veux dire que, criblé de dettes comme tu es, la proposition est non-seulement ridicule, mais encore....

ÉDOUARD.
Achève, voyons.

RITAN.
Ma foi, disons le mot.... peu délicate.

ÉDOUARD.
Ritan!...

RITAN.
Eh bien!

ÉDOUARD.
Je serais de ton avis si ces dettes.... ce n'était pas pour elle que je les eusse faites.

RITAN.
Voilà ce qu'il sera difficile de lui persuader.

ÉDOUARD.
Non, car elle m'aime.

RITAN.
En es-tu bien sûr?

ÉDOUARD.
Quelque chose te fait-il croire le contraire?

RITAN.
Écoute : il me semble qu'une jeune fille qui aime un homme ne permet pas qu'on le persifle devant elle.

ÉDOUARD.
Hein! qui s'est permis cela?

RITAN.
Ah! ma foi, tout le monde, hommes et femmes à qui mieux mieux.

ÉDOUARD.
Ritan! Ritan! j'aurais besoin qu'on me soutînt et tu m'écrases.

RITAN.
N'importe, tu comprends, je suis à tes ordres.

ÉDOUARD, *prenant son chapeau sur la table.*
Non, j'y vais moi-même, et si je vois un seul de ces jeunes fats qui l'entourent sourire, celui-là aura affaire à moi. Merci, Ritan, attends-moi.

SCÈNE IX.

LES MÊMES, CHRÉTIEN.

CHRÉTIEN.
Ne sortez pas, monsieur.

ÉDOUARD.
Pourquoi?

CHRÉTIEN.
Ce matin, le juif Salomon est venu, je l'ai mis à la porte.

ÉDOUARD.
Et tu as bien fait.

CHRÉTIEN.
Mais le jugement qu'il avait contre vous est exécutoire, à ce qu'il paraît.

RITAN.
Bon, il ne nous manquait plus que cela!

CHRÉTIEN.
De sorte que l'on vient d'apporter la contrainte, et que si vous sortez vous pourriez être arrêté.

ÉDOUARD.
Tout à la fois, tout ensemble!

SCÈNE X.

Les mêmes, LE VALET DE CHAMBRE.

M. Édouard Ruhberg?

ÉDOUARD.

Me voilà ! que me voulez-vous ?

LE VALET.

C'est moi qui suis venu ce matin vous apporter une lettre de la part de mon maître, M. le baron Daunberg.

ÉDOUARD.

Ah ! oui ; c'est bien, j'enverrai.

LE VALET.

Pardon, monsieur, mais je dois dire alors à M. le baron....

ÉDOUARD.

Que je lui demande vingt-quatre heures.

LE VALET.

Ah ! vingt-quatre heures, cela le contrariera beaucoup. N'importe, je vais lui rendre cette réponse où il est.

ÉDOUARD.

Où est-il ?

LE VALET.

Chez la comtesse de Kœnigstein.

ÉDOUARD, *à part*.

Chez elle !

LE VALET.

Il déjeune avec ces dames.

ÉDOUARD.

Un instant alors ; attendez dans l'antichambre, mon ami, attendez ; dans un instant je suis à vous. (*Chrétien et le valet sortent.*)

SCÈNE XI.

RITAN, ÉDOUARD.

Voilà une complication !

RITAN.

Oui, n'est-ce pas ?

ÉDOUARD.

Il ne manquera pas de tout dire.

RITAN.

Si je ne le paye pas ; mais si je le paye, il ne dira rien.

ÉDOUARD.

Comment le payer ? Je ne puis avant trois jours disposer de mes fonds, et tu n'as pas d'argent ?

RITAN.

Si fait, j'en ai. (*Il sort vivement par la porte qui conduit à la caisse.*)

RITAN, *seul*.

Eh bien ! alors s'il a de l'argent, pourquoi attendre ainsi le dernier moment ?

ÉDOUARD, *revenant, très-pâle*.

Ritan !

RITAN.

Hein ?

ÉDOUARD.

Je puis compter sur ton amitié, n'est-ce pas ? Et tu crois bien qu'une fois tous ces gens-là payés, ma chance d'être agréé par Mlle de Kœnigstein se double ?

RITAN.

Sans doute. Mais qu'as-tu ?

ÉDOUARD.

Rien !

RITAN.

Rien ! et tu es pâle comme un mort et ton front ruisselle de sueur ?

ÉDOUARD.

Rien, te dis-je. Attends-moi ! (*Il rentre dans la caisse.*)

RITAN.

Si je comprends quelque chose à tout ce manége, je veux que le diable m'emporte.

ÉDOUARD, *sortant du cabinet, très-pâle avec des rouleaux de louis dans les mains*.

Voici l'argent.

Édouard !...

RITAN.

ÉDOUARD.

L'argent du majordome, l'argent du juif, l'argent de la traite. Charge-toi de tout cela, Ritan, et ces gens payés, porte la lettre.

RITAN.

Édouard ! d'où te vient cet argent ?

ÉDOUARD, *fiévreusement*.

Que t'importe ! C'est moi qui te le donne : c'est moi qui en réponds.

RITAN.

Mais !

ÉDOUARD.

Va, cours, mon ami ; hâte-toi, comme si ton âme était en danger.

RITAN.

Mais, cependant....

ÉDOUARD.

Va, te dis-je ! Va, chaque minute de retard m'est mortelle. (*Il le pousse dehors.*)

SCÈNE XII.

ÉDOUARD, *seul*.

(*Il tombe anéanti sur une chaise, puis s'apercevant que la porte de la caisse est restée ouverte, il court la fermer ; faisant ensuite quelques pas, il se trouve devant la glace.*)

En effet, il ne se trompait pas, je suis pâle.

SCÈNE XIII.

ÉDOUARD, CHRÉTIEN.

CHRÉTIEN, *effaré*.

Monsieur !

ÉDOUARD.

Hé bien ?

CHRÉTIEN.

Il paye !

ÉDOUARD.

Qui ?

CHRÉTIEN.

M. Ritan. Il paye le juif, il paye le valet de chambre ; il a des rouleaux d'or plein les mains.

ÉDOUARD.

Après ?

CHRÉTIEN.

Monsieur, monsieur, d'où cet argent vient-il ?

ÉDOUARD *poussant Chrétien et passant devant lui*.

Silence ! Frédéric Alden ! pas un mot, sur ta vie, malheureux !

SCÈNE XIV.

Les mêmes, FRÉDÉRIC.

FRÉDÉRIC.

Bonjour, Édouard.

CHRÉTIEN, *sortant*.

Ah ! mon Dieu ! mon Dieu !

SCÈNE XV.

FRÉDÉRIC, ÉDOUARD.

ÉDOUARD.

Ah ! c'est vous ?

FRÉDÉRIC, *étonné*.

Vous ?

ÉDOUARD.

Non, toi. Pardon. (*Il se laisse tomber sur le fauteuil à droite.*)

FRÉDÉRIC.

Mon ami, mon cher Édouard, une bonne nouvelle !

ÉDOUARD.

Laquelle ?

FRÉDÉRIC.

Je viens de sauver la vie à un homme !

ÉDOUARD.

Et tu appelles cela une bonne nouvelle ?

FRÉDÉRIC.

Comment ?

ÉDOUARD.

Je veux dire qu'il y a des moments où la vie ne mérite pas qu'on se donne la peine de la sauver.

FRÉDÉRIC.

Ah ! mon client ne pensait pas comme toi.

ÉDOUARD.

Ton client ?

FRÉDÉRIC.

Oui, le vieux Sivert, le receveur d'Heildelberg, celui dans la caisse duquel on a reconnu un déficit de quinze mille francs. N'as-tu donc pas entendu parler de cette terrible affaire ?

ÉDOUARD.
Si fait..... je crois.
FRÉDÉRIC, *allant poser son chapeau sur la cheminée.*
Ah! la défense n'était pas facile. Depuis quelque temps ces sortes de crimes deviennent si fréquents, que le grand-duc a fait décréter la peine de mort pour le vol dans les caisses publiques.
ÉDOUARD, *se levant.*
La peine de mort! Au fait, cela vaut mieux..... quoique....
FRÉDÉRIC.
Quoique?...
ÉDOUARD.
Quoique l'homme qui prend de l'argent dans une caisse ne soit pas toujours un voleur.
FRÉDÉRIC.
Ah par exemple!
ÉDOUARD.
Sans doute. Le vieux Sivert, ton client, avait peut-être l'intention de remettre le lendemain dans la caisse cette somme qu'il avait prise.
FRÉDÉRIC.
Mais, mon cher, avec de pareils accommodements, le premier coquin venu disposera de l'argent de l'État pour ses plaisirs ou ses besoins.
ÉDOUARD.
Il n'en est pas moins vrai que ton client a été acquitté.
FRÉDÉRIC.
C'est-à-dire qu'il a été condamné aux galères au lieu d'être condamné à mort.
ÉDOUARD.
Malheureux! Et tu appelles cela avoir gagné ton procès?
FRÉDÉRIC.
Mais de quelle humeur es-tu donc aujourd'hui? Qu'as-tu?
ÉDOUARD.
Moi, rien. Au revoir, Frédéric.
FRÉDÉRIC.
Édouard!
ÉDOUARD, *sortant par l'antichambre.*
Les galères! les galères!

SCÈNE XVI.

FRÉDÉRIC, MADAME DE RUHBERG et CHARLOTTE.

FRÉDÉRIC, *venant du jardin, qui a suivi Édouard.*
Mais qu'a-t-il donc?
MADAME DE RUHBERG.
Monsieur Frédéric, je croyais Édouard avec vous.
FRÉDÉRIC.
Il y était en effet, madame, mais il est monté dans sa chambre.
MADAME DE RUHBERG.
Dans quelle situation d'esprit était-il?
FRÉDÉRIC.
Il m'a paru fort agité, et j'allais vous demander la cause de cette agitation.
MADAME DE RUHBERG.
Un cœur aimant est souvent trompé dans ses espérances, monsieur Frédéric.
CHARLOTTE.
Tout le monde n'est pas aussi heureux que nous.
FRÉDÉRIC.
Peut-être aussi à ses douloureuses préoccupations vient-il d'ajouter des tourments.
CHARLOTTE, *bas.*
Silence devant ma mère.
FRÉDÉRIC, *bas à Charlotte qu'il prend à part.*
Charlotte, la première chose dont nous nous occuperons, c'est de le débarrasser de tous ces traces d'argent.
CHARLOTTE.
Oh! mon Frédéric, que vous êtes bon!

SCÈNE XVII.

LES MÊMES, RUHBERG, ALDEN, puis ÉDOUARD.

ALDEN, *descendant entre ses enfants.*
Bravo! enfants, bravo! Les pères font les affaires, les jeunes gens font l'amour, chacun est dans son emploi. Comment cela s'est-il passé au palais, Frédéric?
FRÉDÉRIC.
Mon père, embrassez-moi; j'ai sauvé aujourd'hui la vie d'un homme. Croyez-moi, Charlotte, c'est une belle dot à apporter à une femme le jour des fiançailles!

ALDEN.
Allons, monsieur Ruhberg, allons faire ce soir ce que nous aurions dû faire ce matin, si nous n'avions pas perdu notre temps à marier ces enfants.
ÉDOUARD, *entrant.*
Mon père et M. Alden!
MADAME DE RUHBERG, *l'apercevant.*
C'est lui, enfin!
RUHBERG.
Ah! te voilà revenu?
ÉDOUARD.
Oui, mon père.
RUHBERG.
Que s'est-il passé?
ÉDOUARD.
Je vous dirai tout cela quand nous serons seuls.
ALDEN.
Allons, allons, venez. L'heure du dîner approche, et je suis aussi réglé dans mes repas que vous l'êtes dans vos comptes. (*Ils entrent dans le cabinet.*)

SCÈNE XVIII.

LES MÊMES, *moins* ALDEN *et* RUHBERG.

ÉDOUARD, *les suivant des yeux, inquiet.*
Où vont-ils?
MADAME DE RUHBERG.
Édouard!
ÉDOUARD.
Ma mère.
MADAME DE RUHBERG.
Eh bien! oui ou non?
ÉDOUARD, *très-agité et distrait.*
Je ne sais pas encore. Ritan est-il revenu?
MADAME DE RUHBERG.
Non, pourquoi cela?
ÉDOUARD.
C'est lui que j'ai chargé de la demande. (*A voix basse.*) Charlotte, où vont-ils donc?
CHARLOTTE.
Qui?
ÉDOUARD.
Le père et M. Alden?
CHARLOTTE, *riant.*
Ils étaient si émus du bonheur de Frédéric et du mien, que pour se remettre de leur émotion ils sont allés vérifier la caisse.
ÉDOUARD, *très-pâle.*
Vérifier la caisse?
CHARLOTTE.
Oui, c'est aujourd'hui le 5, jour de vérification.
ÉDOUARD.
Malheur! je l'avais oublié!
ALDEN, *dans le cabinet.*
Au secours! au secours!
MADAME DE RUHBERG.
Mon Dieu!
CHARLOTTE.
Qu'y a-t-il?
FRÉDÉRIC.
C'est la voix de mon père!
ÉDOUARD.
Je suis perdu.

SCÈNE XIX.

LES MÊMES, ALDEN.

ALDEN.
Frédéric, un médecin, vite! vite! va, cours et reviens avec lui.
FRÉDÉRIC.
Un médecin, et pourquoi?
ALDEN.
Pas de questions! va!
FRÉDÉRIC.
J'y cours. (*Il sort.*)
MADAME DE RUHBERG.
Qu'a donc mon mari?
CHARLOTTE.
Qu'a donc mon père?
ALDEN, *à Charlotte.*
Du vinaigre, des sels, mon enfant, et pour l'amour de Dieu ne laissez entrer personne que le docteur et moi dans la chambre de votre père.

CHARLOTTE.
Mon Dieu! mon Dieu! (Elle disparaît un moment par la droite.)
MADAME DE RUHBERG.
Mais qu'y a-t-il?
ALDEN.
Il y a.... je vais vous le dire ce qu'il y a. Il y a qu'il manque cinq mille écus dans la caisse de votre mari.
ÉDOUARD, tombant dans un fauteuil près du piano.
Ah!...
MADAME DE RUHBERG.
Dites-vous vrai, monsieur?
ALDEN.
Oui, par malheur. Il manque mille louis d'or, et quand il a vu cela, votre mari est tombé évanoui. (Charlotte rentre.)
ÉDOUARD, à part.
Mon père!
CHARLOTTE.
Je veux le voir, monsieur, je veux le voir.
ALDEN.
Silence, enfant. (A Mme de Ruhberg.) Approchez, madame.
MADAME DE RUHBERG.
Que me voulez-vous, et pourquoi me parler ainsi?
ALDEN.
Où est cet argent?
MADAME DE RUHBERG.
Vous me demandez cela, à moi?
ALDEN.
Oui, je le demande à vous, car vous le savez. Remettez cette somme dans la caisse de votre mari, et je n'ai rien vu!
MADAME DE RUHBERG.
Moi!
ALDEN.
C'est un vol domestique. La caisse n'est ni faussée ni brisée.

SCÈNE XX.

LES MÊMES, FRÉDÉRIC, rentrant.

FRÉDÉRIC.
Quelle caisse?
ALDEN.
La caisse publique. Cinq mille écus manquent. Où est le médecin?
FRÉDÉRIC.
Je l'ai fait conduire près de M. de Ruhberg.
MADAME DE RUHBERG.
Mon mari!
ALDEN, l'arrêtant.
Je vous dis de rester, madame, vous n'avez pas besoin là.
FRÉDÉRIC, à son père.
Cinq mille écus dans la caisse publique! Et connaît-on le voleur?
ALDEN, regardant Mme de Ruhberg.
On le soupçonne du moins.
MADAME DE RUHBERG, à un éclair qui traverse son esprit.
Ah!
ALDEN.
Je vous disais bien que vous savez qui a pris les cinq mille écus.
MADAME DE RUHBERG.
Monsieur, ne nous perdez pas.
ALDEN.
Les cinq mille écus! les cinq mille écus! vous dis-je. Oh! j'arracherai son honneur de vos mains, ne fût-ce que pour le rendre à son cadavre!
MADAME DE RUHBERG.
Monsieur!
FRÉDÉRIC.
Mais, mon père, qui soupçonnez-vous?
ALDEN.
Regarde cette femme au front et tu connaîtras la coupable.
ÉDOUARD, avec explosion, se jetant en avant.
Vous mentez, monsieur; le coupable, c'est moi.
ALDEN.
Vous!!!
FRÉDÉRIC et CHARLOTTE.
Malheur!
ÉDOUARD.
Oui, poussé par le destin, harcelé par la fatalité, tenté par le démon, j'ai pris l'argent. Le coupable est devant vous, monsieur; que la justice fasse de moi ce qu'elle voudra.
ALDEN.
Viens, Frédéric.
FRÉDÉRIC.
M'en aller! pourquoi cela, mon père?

ALDEN.
Parce que tu n'as plus rien à faire ici.
CHARLOTTE.
Monsieur!
ALDEN.
Je casse le mariage.
CHARLOTTE.
Ah!
FRÉDÉRIC.
Jamais.
ALDEN.
Je ne veux pas que tu deviennes le beau-frère de cet homme et le fils de cette femme.
ÉDOUARD.
Monsieur, méprisez-moi, torturez-moi, dénoncez-moi, je mérite tout, mais n'insultez pas ma mère.... ou tremblez!
FRÉDÉRIC, se jetant au-devant de lui.
Édouard!...
MADAME DE RUHBERG.
Mon fils!...
CHARLOTTE.
Mon frère!
ALDEN.
C'est bien, menace, comme si tu étais un honnête homme. Misérable!
ÉDOUARD.
Oui, à moi, à moi, tant que vous voudrez; mais pas un mot à ma mère.

SCÈNE XXI.

LES MÊMES, RUHBERG, paraissant pâle et défait sur le seuil de son cabinet.

RUHBERG.
Édouard!
ÉDOUARD, allant tomber aux genoux de son père.
Mon père! maudissez-moi.

ACTE TROISIÈME.

Même décor, une malle posée sur deux chaises.

SCÈNE I.

CHARLOTTE, MADAME DE RUHBERG.

MADAME DE RUHBERG, assise, embrassant Charlotte qui est à genoux devant elle.
Pauvre enfant! tu étais au comble de la joie, au sommet du bonheur et je t'ai précipitée du haut de la joie et de tes espérances. Car il avait raison, vois-tu, cet homme, lorsqu'il disait que c'était moi qui avais pris les mille louis dans la caisse de ton père.
CHARLOTTE.
Ma mère! ma mère! ne parlez pas ainsi, vous me désespérez.
MADAME DE RUHBERG.
Tu allais épouser un homme que tu aimais, et le père de cet homme ne veut plus de toi pour sa fille. Je te lègue la misère pour héritage.
CHARLOTTE.
Ah! ma mère! ma mère! ne parlons plus de Frédéric. Je renonce à lui pour rester près de vous, je ne veux pas vous quitter, non jamais. Ne suis-je donc pas votre fille? Je n'ai rien à partager avec vous, je le sais, que mon cœur. Ma mère, ne repoussez pas mon cœur?
MADAME DE RUHBERG.
Et c'est toi qui me dis cela, toi Charlotte, à qui j'ai préféré ton frère. Oh! mon enfant, mon enfant! Dieu fasse de toi une mère plus juste et plus heureuse que je ne l'ai été!

SCÈNE II.

LES MÊMES, CHRÉTIEN.

CHRÉTIEN.
Madame!
MADAME DE RUHBERG.
Ah! c'est vous, Chrétien.

CHRÉTIEN.
Oui, madame.

MADAME DE RUHBERG.
Le docteur ?

CHRÉTIEN.
Il est parti.

MADAME DE RUHBERG.
Que lui avez-vous dit pour motiver l'évanouissement de M. de Ruhberg ?

CHRÉTIEN.
Je lui ai dit qu'une lettre était arrivée de Berlin, venant du frère de madame, et annonçant un grand malheur. J'ai dit la même chose à tous les gens de la maison.

MADAME DE RUHBERG.
Bon, mon ami.

CHARLOTTE.
Mais mon père ne nous a-t-il donc pas demandées ?

CHRÉTIEN.
Si fait, mademoiselle, il m'a dit : « Aussitôt que le médecin sera parti, préviens ma fille et ma femme que je désire les voir. »

CHARLOTTE.
Allons, ma mère, montons près de lui.

MADAME DE RUHBERG.
Oh ! que vais-je lui répondre ? Viens, ma fille, viens.
(*Elles sortent.*)

SCÈNE III.

CHRÉTIEN, *seul.*

Allons maintenant, achevons d'exécuter les ordres de monsieur. (*Il sort un instant ; Édouard paraît, venant du jardin ; pâle et accablé de tristesse, il va s'asseoir à côté de la porte de son père. Chrétien rentre, apportant des habits qu'il met dans la malle.*)

SCÈNE IV.

CHRÉTIEN, ÉDOUARD.

ÉDOUARD.
Chrétien !

CHRÉTIEN.
Monsieur ?

ÉDOUARD.
As-tu revu mon père ?

CHRÉTIEN.
Je viens de le quitter.

ÉDOUARD.
Que fait-il ?

CHRÉTIEN.
Hélas !

ÉDOUARD.
Est-il toujours aussi pâle qu'il était ?

CHRÉTIEN.
Plus.

ÉDOUARD.
Alors il ne reprend pas ses forces ?

CHRÉTIEN.
Non.

ÉDOUARD.
Qu'a dit le docteur ?

CHRÉTIEN.
Que c'est grave !

ÉDOUARD.
Que fais-tu donc ?

CHRÉTIEN.
Vous voyez....

ÉDOUARD.
Ce sont mes effets que tu places dans cette malle ?

CHRÉTIEN.
Oui.

ÉDOUARD.
Pourquoi ?

CHRÉTIEN.
Monsieur l'a ordonné ainsi. Il m'a dit : « Enlève toutes les armes, tous les couteaux, ferme la maison, emballe les effets de mon fils. » Puis il pleura et ajouta doucement. « Dis-lui surtout que je lui défends de se tuer. »

ÉDOUARD, *cachant sa tête entre ses mains.*
Oh ! pauvre père !

CHRÉTIEN.
Oui, pauvre père !

ÉDOUARD.
Chrétien, il faut que je lui parle !

CHRÉTIEN.
Oh ! monsieur, c'est impossible !

ÉDOUARD.
Pourquoi ?

CHRÉTIEN.
Il ne veut pas vous voir.

ÉDOUARD.
Il m'a en horreur ?...

CHRÉTIEN.
Non, il vous aime trop au contraire. (*On entend sonner.*)

ÉDOUARD.
On sonne !

CHRÉTIEN.
Permettez que j'aille ouvrir, monsieur ; j'ai éloigné tout le monde (*Il sort.*)

SCÈNE V.

ÉDOUARD, *seul.*

C'est sans doute Ritan. Si la nouvelle était bonne ! tout pourrait encore s'arranger....

SCÈNE VI.

ÉDOUARD, RITAN.

ÉDOUARD.
Ah ! c'est toi, mon ami ; viens vite, viens.

RITAN.
Je t'ai fait attendre ?

ÉDOUARD.
Peu importe, puisque te voilà.

RITAN.
Qu'as-tu, et pourquoi ce trouble ?

ÉDOUARD.
Laissons cela. La réponse.

RITAN.
Je l'ai.... mais....

ÉDOUARD.
Donne alors.

RITAN.
Auparavant, dis-moi....

ÉDOUARD.
La réponse ! la réponse !

RITAN.
Le mariage de ta sœur....

ÉDOUARD.
Mais tu veux donc me tuer ! La réponse !

RITAN.
Mais auparavant, que diable, écoute-moi.

ÉDOUARD.
J'écoute.

RITAN.
Les Kœnigstein sont de vieille noblesse, très-délicate en matière d'alliance, et le mariage de ta sœur avec un avocat....

ÉDOUARD.
Eh bien !

RITAN.
Les choque.

ÉDOUARD.
Cet avocat, aujourd'hui même a sauvé la vie d'un homme. Ritan, voilà ses titres de noblesse.

RITAN.
Enfin, que veux-tu ? Ce sont des préjugés, je le sais....

ÉDOUARD.
Mais la réponse ! la réponse !

RITAN.
Mon ami, crois-bien que je souffre avec toi, et que la réponse si elle était telle que je la désire....

ÉDOUARD.
Elle refuse ?

RITAN.
Ce billet....

ÉDOUARD, *le lui arrachant des mains.*
Donne. (*Il l'ouvre et lit.*) « Monsieur, monsieur le baron de Ritan m'a transmis votre singulière lettre.... » — Tiens, lis toi-même Ritan, la tête me tourne, j'ai un nuage devant les yeux, je n'y vois plus.

RITAN, *lisant.*

« Votre singulière lettre. Je ne puis, je vous l'avoue, comprendre une pareille proposition. Quelques innocentes plaisanteries ne vous ont donné aucun droit.... »

ÉDOUARD, *l'arrêtant.*

Non, il n'y a pas cela !

RITAN.

Vois.

ÉDOUARD.

Oh ! mon Dieu ! Allons, continue.

RITAN.

« Quelques innocentes plaisanteries ne vous ont donné aucun droit de vous croire aimé ; mais, comme avec cette bonne opinion que vous paraissez avoir de vous-même, vous pourriez me compromettre, je vous prie, monsieur, à l'avenir, de ne plus honorer notre maison de vos visites. »

ÉDOUARD.

Est-ce tout ?

RITAN.

Oui.

ÉDOUARD.

Oh ! c'est impossible ! Cette lettre, elle l'a écrite pour ses parents, pour son père, son frère. Tu en as une autre....

RITAN.

Elle était seule, et personne ne la contraignait.

ÉDOUARD.

Ritan, je suis sûr que tu as une autre chose que cette lettre !

RITAN.

Autre chose, oui ; mais j'avoue que j'hésitais....

ÉDOUARD.

Tu hésitais ! et pourquoi ? Tu ne sais donc pas que ma vie est suspendue à ce message.

RITAN.

Tu comprends que chargé de tes intérêts, je ne me suis pas laissé battre ainsi.

ÉDOUARD.

Cher Ritan, va !

RITAN.

Je lui ai dit les sacrifices que tu avais faits pour elle.

ÉDOUARD.

Bien.

RITAN.

Et auxquels elle pouvait mesurer ton amour.

ÉDOUARD.

Et qu'a-t-elle répondu ?

RITAN.

« Ah ! pauvre garçon ! a-t-elle dit, qui pouvait se douter de cela ? Il jouait comme un millionnaire ! C'est autre chose. »

ÉDOUARD.

Ah ! tu vois....

RITAN.

Alors....

ÉDOUARD.

Alors ?...

RITAN.

Elle a été à son secrétaire.

ÉDOUARD.

Et elle t'a donné une seconde lettre ?

RITAN.

Non. Elle a voulu me donner.... un rouleau d'or.

ÉDOUARD.

Un rouleau d'or ! de l'or pour mon âme perdue, pour mon père assassiné ! Oh ! la misérable ! oh ! l'infâme !...

(*Il prend son chapeau.*)

RITAN, *l'arrêtant.*

Où vas-tu ?

ÉDOUARD.

Lui donner quittance.

RITAN.

Édouard ! Édouard !

ÉDOUARD.

Laisse-moi, laisse-moi. (*Apercevant Ruhberg qui sort de sa chambre.*) Mon père ! mon père !

RITAN, *à Ruhberg.*

Monsieur ! monsieur ! au nom du ciel, retenez votre fils.

RUHBERG.

Laissez-nous.

RITAN.

Monsieur.... (*Il s'incline et sort.*)

SCÈNE VII.

RUHBERG, ÉDOUARD.

ÉDOUARD, *tombant à genoux.*

Pitié, pitié pour moi, mon père.

RUHBERG.

Relevez-vous et regardez-moi.

ÉDOUARD.

Mon père, je n'ose !

RUHBERG.

Oui. Ce vous est difficile, je comprends, de regarder le visage d'un honnête homme !

ÉDOUARD.

Soyez miséricordieux, mon père.

RUHBERG.

Oh ! vous m'avez cruellement traité et toutes les joies du monde, en supposant que le monde pût me garder encore des joies, toutes les joies du monde ne me rendraient pas les forces que vous m'avez prises aujourd'hui.

ÉDOUARD.

Malheur ! malheur sur moi, alors.

RUHBERG.

Voilà ma récompense pour mes angoisses à son chevet, lorsque enfant il était malade ; pour mes insomnies, quand, jeune homme, il commençait à déserter la maison et que je passais les nuits à l'attendre ; pour mes cheveux blanchis dans la terreur de ce qui arrive aujourd'hui. Oh ! Édouard, Édouard ! tu aurais pu mieux me récompenser. (*Il tombe sur le fauteuil à droite.*)

ÉDOUARD, *toujours à genoux.*

Oui ! oui ! vous avez raison, mon père ; repoussez le fils indigne, maudissez l'enfant ingrat qui, en échange de tout votre amour, vous rend le crime et la honte.

RUHBERG.

Édouard, vous allez partir ce soir même, nous ne nous reverrons plus.

ÉDOUARD, *se relevant.*

Ne plus vous revoir, mon père ! Oh ! mon Dieu ! mon Dieu !

RUHBERG.

Plus dans ce monde, du moins.

ÉDOUARD.

Vous quitter, prendre la fuite, quand c'est moi.... Non. Vous n'y songez pas. C'est impossible.

RUHBERG, *se levant.*

Il le faut, je l'exige. Je le veux !

ÉDOUARD, *retombant à genoux.*

Mais vous, qu'allez-vous devenir ?

RUHBERG.

Moi, je deviendrai ce que deviennent les dépositaires infidèles.

ÉDOUARD.

Ne dites pas cela, je vous en prie, mon père, ne dites pas cela. Frédéric consentira peut-être à plaider pour moi comme il a plaidé pour le vieux Sivert.

RUHBERG.

Mon père !

RUHBERG.

D'ailleurs.... quelque chose qu'il arrive, le grand-duc est bon ; il aura pitié d'un vieillard.

ÉDOUARD, *se relevant.*

Oh ! non, non, cela ne sera pas ainsi ; je cours me dénoncer, dire que je suis le coupable, et....

RUHBERG.

Eh....

ÉDOUARD.

Et je me tue !

RUHBERG.

Malheureux ! voilà justement ce que je ne veux pas. Si vous vous tuez ! où sera le repentir ? Si tu te tues, où sera l'expiation ? Non. Il faut vivre, il faut lutter, il faut forcer les hommes à mettre la chose commise sur le compte de la jeunesse et des passions folles. Il faut leur dire : « J'ai été perdu par l'ardeur du jeu, par une ambition insensée, par un amour fatal. Jeune et faible, j'ai payé ma dette au mauvais génie ; je suis tombé, et mon honneur m'a suivi dans ma chute, mais je me suis relevé.... Soutenu par le repentir et l'espérance, deux anges de Dieu, je me suis relevé et j'ai traversé, pour arriver à des régions plus élevées, ces régions mauvaises. Me voici maintenant plus grand, parce que j'ai été abaissé ; plus fort, parce que je me suis repenti ; meilleur, parce que j'ai été éprouvé.

ÉDOUARD.

Oui, oui, mon père. Ce serait beau, ce serait grand, mais vous ! mais vous !

RUHBERG.

Moi! je n'ai plus que quelques jours à vivre. Moi, je suis le passé; toi, tu es l'avenir. (*Il tombe à demi évanoui dans un fauteuil, à droite.*)

ÉDOUARD, *se jetant au cou de son père.*

Oh! mon père! au secours, au secours!

SCÈNE VIII.

LES MÊMES, CHARLOTTE.

CHARLOTTE.

Qu'y a-t-il, mon Dieu!

ÉDOUARD, *à genoux.*

Mon père est mort! mon père est mort! et c'est moi qui l'ai tué.

SCÈNE IX.

LES MÊMES, MADAME DE RUHBERG, ALDEN, FRÉDÉRIC.

ALDEN, *saisissant le bras d'Édouard.*

Plus loin! plus loin! vous n'êtes pas digne de baiser les genoux de cet homme.

ÉDOUARD.

Sauvez mon père et vengez-vous sur moi.

ALDEN.

C'est ce qui me ramène ici.

ÉDOUARD.

Oh! monsieur, monsieur, votre cruauté est ma consolation. Mon père veut que je parte, libre, impuni, moi son meurtrier! Ne souffrez pas cela.... Dénoncez-moi, monsieur, dénoncez-moi; et peut-être déjà l'avez-vous fait?

ALDEN.

Eh bien! quand cela serait?

ÉDOUARD.

Oh! je vous bénirais à genoux.

MADAME DE RUHBERG.

Mais moi, monsieur, moi, je vous demanderais compte de mon enfant, qu'on pouvait sauver et que vous auriez perdu.

(*Édouard va s'appuyer sur la cheminée avec désespoir.*)

ALDEN.

Qu'on pouvait sauver! Comment? essayez un peu de le sauver, vous. Est-ce avec votre fortune, vous l'avez mangée. Est-ce avec l'aide de vos amis? Vos amis, où sont-ils? Cherchez, appelez-les à votre aide, demandez-leur mille louis? et s'ils viennent, s'ils accourent, s'ils vous donnent la somme, je ne dis plus rien. Remettez la somme dans la caisse et je n'ai rien vu.

MADAME DE RUHBERG.

Oh! vous savez bien que ce que vous demandez là est impossible!

ALDEN.

Ainsi partout la misère, partout la honte, nulle part le salut.

FRÉDÉRIC, *s'approchant de son père.*

Mon père, ce que vous faites là est mal. Au lieu de guérir le malade, vous le tuez. Au lieu d'être juste, vous êtes cruel. C'est moi, c'est moi votre fils qui vous dis cela.

ALDEN.

Et moi je te dis que puisque la misère conduit à ce que tu vois, je ne veux pas pour mon fils d'une fille pauvre et c'est pour cela que.... (*Faisant signe à Charlotte.*) Viens ici, mon enfant.... (*Charlotte passe à sa gauche et Frédéric à sa droite.*) C'est pour cela que je donne à Charlotte ce portefeuille qui contient deux mille louis. Elle, elle-même, de son innocente main, elle replacera les mille louis dans la caisse de son père, les mille autres seront sa dot. Seulement, vous l'avez dit, mes enfants, vous me nourrirez, vous aurez soin de moi, car je n'ai plus rien....

TOUS.

Ah! monsieur Alden!

MADAME DE RUHBERG.

Vous nous sauvez!

RUHBERG.

Mon ami!

ÉDOUARD, *à part.*

Oh! que l'homme est grand lorsqu'il est à votre image, ô mon Dieu!

ALDEN, *désignant Édouard.*

Et.... il partira...

(*Édouard, resté près de la cheminée, regarde son père qui marche vers lui lentement et semble attendre sa réponse.*)

ÉDOUARD.

Oui, oui, monsieur Alden, j'obéirai.

(*Passant devant Frédéric, qui est au fond du salon et qui lui serre la main, Édouard embrasse sa sœur, puis sa mère qui s'est élancée vers lui.*)

MADAME DE RUHBERG, *sanglotant.*

Mon fils!

ÉDOUARD *s'approche d'Alden resté seul à droite, et avançant vers lui sa main avec crainte, le regard suppliant.*

Monsieur Alden, donnez-moi votre main.

(*Alden le regarde un moment en silence et retire froidement la main qu'il lui refuse.*)

ÉDOUARD, *accablé, va s'incliner devant son père, qui se trouve à l'autre extrémité du salon.*

Votre bénédiction, mon père.

RUHBERG, *maîtrisant son émotion.*

Quand vous l'aurez méritée.

(*Édouard se relève péniblement. Alden, qui du regard a fortifié la résolution de Ruhberg, remonte vers Frédéric et Charlotte qui pleure. Chrétien paraît à la porte avec les effets de voyage, Mme de Ruhberg le supplie de veiller sur son fils. Édouard s'éloigne lentement de son père, fixant toujours sur lui un regard désolé; puis, tandis qu'Alden, qui s'est rapproché de Ruhberg, lui serre la main pour soutenir son courage, Édouard, suffoqué par la douleur, se jette dans les bras de sa sœur et de sa mère.*)

ACTE QUATRIÈME.

La scène est à Munich.

Au ministère. Salon, pan coupé; cinq portes, une table à gauche.

SCÈNE I.

MEYER, *déchiquetant une plume.* LE CONSEILLER BEZANETTI.

LE CONSEILLER, *entrant.*

Ah! bonjour, Meyer!

MEYER.

Votre humble serviteur, monsieur le conseiller.

LE CONSEILLER.

Le ministre est-il dans son cabinet?

MEYER.

Je le crois!

LE CONSEILLER.

Vous le croyez?

MEYER.

Sans doute! Comment voulez-vous que je sois sûr de cela?

LE CONSEILLER.

En y entrant, parbleu.

MEYER.

Entrez-y alors!

LE CONSEILLER, *à lui-même.*

Oh! oh! qu'a donc ce matin M. le valet de chambre en titre? (*Il va à la porte et essaye de l'ouvrir.*) La porte de communication fermée en dedans.... Que signifie cela?

MEYER.

Que, selon toute apparence, le ministre est enfermé avec le nouveau favori.

LE CONSEILLER.

Encore!

MEYER.

Monsieur le conseiller, il se trame quelque chose contre nous.

LE CONSEILLER.

D'où te vient ce soupçon?

MEYER.

Hier, le secrétaire était, comme aujourd'hui, enfermé avec Son Excellence. J'allais et venais comme de coutume dans le cabinet, essayant d'attraper, par-ci par-là, quelques bribes de la conversation : le ministre m'a dit de sortir.

LE CONSEILLER.

Eh bien!

MEYER.

Monsieur le conseiller, il y a trente ans que je suis valet de chambre de M. de Warden, premier ministre de Sa Majesté le roi de

Bavière; j'ai vu dans le cabinet de mon maître des comtes, des princes, des archiducs d'Autriche; voilà la première fois que l'on me dit de sortir.

LE CONSEILLER.

Oh! oh! Et de quoi parlait-on, Meyer? car tu dis avoir saisi, par-ci par-là, quelques bribes de la conversation, et je te connais, tu es assez intelligent pour avoir reconstruit la phrase entière.

MEYER.

On parlait.... tenez, c'est une honte, monsieur le conseiller, que l'on parle de pareilles choses sans vous consulter. On parlait de supprimer les jeux.

LE CONSEILLER.

Ah! oui, qui sont donnés à ton beau-père, et dans lesquels tu as un intérêt.

MEYER.

Oh! monsieur, un intérêt bien minime.... la moitié!

LE CONSEILLER.

C'est grave cela, Meyer; c'est grave.

MEYER.

Depuis que ce nouveau secrétaire, ce M. Stevens est ici, on n'entend plus que ces mots : économies à faire, progrès à encourager, abus à détruire. Monsieur le conseiller, si l'on détruit les abus, de quoi vivront les honnêtes gens?...

LE CONSEILLER.

Meyer, vous venez de dire un mot bien profond.... Chut !!!

MEYER.

Soyez sans inquiétude, c'est le maître de chapelle; il est des nôtres.

SCÈNE II.

LES MÊMES, NEBEL, puis CHRÉTIEN.

NEBEL, *le visage épanoui.*

Eh! voilà ce cher conseiller aulique....

LE CONSEILLER.

Meyer, veillez à ce qu'on ne puisse nous entendre.

NEBEL.

Et qui donc se défie de nous?

LE CONSEILLER.

Le nouveau venu!

NEBEL.

Oh! ce cher M. Stevens. Je l'ai rencontré chez la comtesse Sophie.

LE CONSEILLER.

Et il vous a fait mille amitiés?

NEBEL.

Non; je me serais douté de quelque chose. Au contraire, il n'a point paru faire attention à moi. Ce n'est point comme cela que l'on se conduit d'ordinaire dans ce pays-ci quand on veut du mal aux gens.

LE CONSEILLER.

Vous jugez de lui par nous autres gens de cour; mais le secrétaire n'a pas encore les habitudes du terroir. Et où les aurait-il prises? Un aventurier....

MEYER.

Silence, voici Chrétien, son domestique.

SCÈNE III.

NEBEL, BEZANETTI, CHRÉTIEN, MEYER.

NEBEL.

Eh bonjour, Chrétien, et ce cher M. Edouard Stevens va-t-il bien, ce matin?

CHRÉTIEN.

Oui.

NEBEL.

Peut-on lui présenter ses civilités?

CHRÉTIEN.

Non.

NEBEL.

Il est donc absent?

CHRÉTIEN.

Oui. (*Il sort par la gauche.*)

LE CONSEILLER.

Ce n'est point par lui que vous apprendrez....

NEBEL.

Non, mais j'ai découvert quelque chose d'un autre côté.... Ce Stevens est entré comme simple ouvrier dans la fabrique de M. Blum,

aux environs de Stuttgard. D'où diable venait-il? On l'ignore : il vivait seul et ne parlait à personne. Quoi qu'il en soit, à force de persévérance et de travail, il devint contre-maître dans la maison, puis commis principal, puis véritable chef de l'établissement. C'est alors que le baron Karl, le fils du premier ministre, frappé de son intelligence, l'amena à Munich pour en faire d'abord un employé, puis un ami, puis le secrétaire intime de son père....

LE CONSEILLER.

Puis notre maître à tous; car, ne vous y trompez pas, Nebel, cet homme dispose au gré do l'esprit de Son Excellence. Il éblouit les gens sérieux par son application aux affaires, les badauds par la variété de ses connaissances. A un Français, il citera des vers de Corneille; avec un Anglais, il discutera en anglais sur les mérites de Pitt ou de Fox. Bref, cet homme, en se faisant universel, touche à toutes les positions, les menace toutes, et ne laisse à chacun de nous d'autre alternative que de lutter contre sa fortune ou de se voir perdu sans retour.

NEBEL.

Permettez, permettez. Il peut savoir le français sur le bout du doigt, parler anglais comme Canning ou lord Brougham; mais, parbleu! je le défie bien de jouer du violon!

MEYER.

Vous vous trompez, monsieur Nebel, il en joue.

NEBEL.

Ah! bah!

MEYER.

Et d'une façon si distinguée, qu'hier, chez le ministre, la comtesse Louise, sa nièce, étant au piano, M. Stevens l'a accompagnée avec tant d'âme et de talent, que tout le monde disait : « Quel bonheur que M. Nebel ne soit pas venu! »

LE CONSEILLER, *riant.*

Ah! ah!

NEBEL.

Un moment! vous n'allez pas me faire accroire qu'il renonce à la position de secrétaire du ministre pour solliciter ma place de maître de chapelle?

MEYER, *passant au milieu.*

Non, mais peut-être bien celle de maître de chant de la comtesse Sophie, qui a cent mille écus de dot.

NEBEL.

Cent mille écus!

MEYER.

Tout autant.

NEBEL.

Donnés par la famille?

LE CONSEILLER.

Ou par Son Excellence, dont elle est en quelque sorte la fille adoptive.

MEYER.

On ne sait pas au juste. L'histoire de la comtesse Sophie est un roman mystérieux, une énigme dont personne n'a la clef. Tout ce que je sais, c'est qu'à l'époque où le ministre partit subitement pour l'aller chercher, ce fut une lettre de Fribourg qui décida son départ. A force de tourner cette lettre, de la retourner, d'appuyer dessus, de la faire bâiller, je parvins à savoir qu'elle était du comte de Moroff, un vieil ami de mon maître; mais je n'en ai jamais su davantage.

NEBEL, *prenant le milieu.*

Messieurs! messieurs! dans l'intérêt public d'abord, et le nôtre ensuite, il faut savoir quel est ce Stevens; d'où il vient, connaître sa famille. Un homme si ponctuel dans l'accomplissement de ses devoirs, si rigide envers lui-même, si soupçonneux à l'égard des autres, si intègre, si vertueux, doit avoir quelque chose à se reprocher.

LE CONSEILLER.

Nebel, je le répète, vous êtes très-fort.

NEBEL.

C'est à vous à nous aider dans nos recherches, mon cher Meyer.

MEYER.

Comment cela?

NEBEL.

Ne loge-t-il pas ici?

MEYER.

Eh bien?

NEBEL.

Ne reçoit-il pas de lettres?

MEYER.

Après?

NEBEL.

En les tournant, en les retournant, en appuyant dessus, en les faisant bâiller, comme vous avez fait pour celle du comte de Moroff, ne serait-il pas possible....

MEYER.

Messieurs, j'y ai bien pensé; mais....

LE CONSEILLER.

Mais....

MEYER.
Le croiriez-vous? on se défie de moi !
NEBEL.
Ah! voilà qui est injuste.
MEYER.
Et ce vieux drôle de Chrétien, le valet de chambre du Stevens, est toujours là quand les dépêches arrivent.
LE CONSEILLER.
Peut-être en guettant le courrier tous les jours....
NEBEL.
Avec persévérance....
LE CONSEILLER.
On parviendrait....
NEBEL, *tirant sa montre.*
Neuf heures.
LE CONSEILLER.
L'heure du courrier.
MEYER.
Je cours le recevoir.
LE CONSEILLER.
Voici le ministre.
MEYER.
Avec le Stevens.
NEBEL.
A nos postes.

SCÈNE IV.

LES MÊMES, LE MINISTRE, LA COMTESSE SOPHIE, puis ÉDOUARD.

LE MINISTRE.
Bonjour, messieurs. (*Au valet de chambre.*) Meyer, dites à l'huissier de service que je ne donnerai pas d'audience ce matin. Appelez M. Stevens. (*Meyer sort.*) Sa discrétion lui a fait un devoir de nous laisser seuls, ma chère Sophie, mais il connaîtra bientôt le sujet de notre entretien, car je n'ai pas de secret pour lui. (*Édouard entre.*) Pardon, mon cher Stevens, d'avoir si longtemps enchaîné votre liberté sans avoir mis à profit votre zèle pour les intérêts de l'État, votre amour pour le bien public; le temps que je vous dérobe est un temps perdu pour le bonheur de tous, je le sais; cependant, je me réserve encore un quart d'heure, dans un quart d'heure je compte sur vous; j'ai un service à vous demander.
ÉDOUARD.
Un service, à moi ? Monseigneur donnera ses ordres et ils seront exécutés.
NEBEL.
(*Bas.*) Quel ton mielleux et rampant ! (*Haut.*) Monseigneur !
LE MINISTRE.
Ah ! c'est vous, Nebel. Des considérations particulières me font supprimer les leçons que vous donniez à la comtesse Sophie, mais, sur la proposition de Stevens, j'ai augmenté vos appointements de maître de chapelle du roi.
NEBEL.
Monseigneur....
LE MINISTRE.
Ce n'est pas moi, c'est Stevens qu'il faut remercier de cet acte de justice.
LE CONSEILLER, *bas à Nebel.*
On ne vous en signifie pas moins votre congé ! Monseigneur.
LE MINISTRE.
A propos, mon cher conseiller, vous vous étiez trompé dans cette affaire des paysans de Selberg. Il est évident que la fille a reçu l'argent qui lui revenait du fait maternel, et que sa réclamation contre son père était injuste.
LE CONSEILLER.
Vous croyez, monseigneur ?
LE MINISTRE.
J'en suis sûr ; j'ai fait décréter en faveur du père, et je crois la chose heureuse pour vous, Bezanetti.
LE CONSEILLER.
Comment cela, Excellence ?
LE MINISTRE.
Oui, la fille est jolie, et l'on eût pu calomnier l'intérêt que vous lui portiez.
LE CONSEILLER.
Monseigneur, je ne demande qu'une chose, c'est qu'on revoie tous mes rapports, et je serai reconnaissant, soit à M. Stevens, soit à tout autre qui m'épargnera une injustice.
NEBEL, *bas au conseiller.*
Vous avez perdu votre procès, mon bon ami.
MEYER, *rentrant.*
La comtesse Louise attend Son Excellence dans son cabinet.

LE MINISTRE.
Faites venir cette chère enfant, moi aussi j'ai besoin de la voir, SOPHIE, *bas à Édouard.*
J'ai à vous parler.
LE MINISTRE.
Dans un quart d'heure, Stevens. A demain, messieurs!
MEYER, *bas et rapidement au conseiller.*
Il y a du nouveau !
LE CONSEILLER.
Déjà ! (*Bas à Nebel.*) Tout à l'heure, ici.
NEBEL, *de même.*
C'est entendu. (*Haut, saluant.*) Monseigneur ! (*Ils sortent.*)

SCÈNE V.

LE MINISTRE, LOUISE.

LE MINISTRE.
Viens, mon enfant, viens !
LOUISE.
Mon cher oncle. (*Le ministre l'embrasse.*)
LE MINISTRE.
Comme cela s'épanouit, ces fleurs de jeunesse et de beauté ! et cependant tu mènes une vie triste, n'est-ce pas, chez ton vieil oncle ?
LOUISE.
Moi ! Et à quel propos me dites-vous cela ? Quelle vie est plus heureuse que la mienne, tout ne vient-il pas au-devant de mes désirs. Une seule chose me manquait, une amie, mais vous qui comprenez tout, vous avez deviné ce besoin de mon cœur.
LE MINISTRE.
Oui, et j'ai fait venir Sophie, une fille adoptive, n'est-ce pas ?
LOUISE.
Et elle a été bienvenue !
LE MINISTRE.
Tu l'aimes donc ?...
LOUISE.
Comment ne l'aimerait-on pas ? Il est vrai que j'aurais pu être envieuse en voyant près de moi une personne si parfaite, mais vous le savez, mon oncle, j'admire et je n'envie pas.
LE MINISTRE.
Alors tu es contente d'elle ? cela me fait plaisir. D'ailleurs, il me semble, à moi aussi, que c'est une charmante personne.
LOUISE.
Si charmante et si bonne, que je suis toute triste en pensant qu'il faudra un jour me séparer d'elle.
LE MINISTRE.
Eh ! justement, je voulais te parler de cela ; le moment de cette séparation approche, mon enfant.
LOUISE.
Retourne-t-elle en France ?
LE MINISTRE.
Non !
LOUISE.
Se marie-t-elle ?
LE MINISTRE.
Elle et toi, vous vous mariez.
LOUISE.
Moi !
LE MINISTRE.
Le mariage est l'écueil où se perdent, d'habitude, les amitiés de jeunes filles. Le mariage ouvre d'autres horizons, amène d'autres devoirs, crée d'autres tendresses. Mais qu'as-tu ?
LOUISE.
Pardon, mon cher oncle, la nouvelle que vous m'annoncez est si inattendue....
LE MINISTRE.
Tu sais, mon enfant, que les hautes positions ont leurs exigences suprêmes : rarement une fille de ta condition choisit son mari !
LOUISE.
Je le sais, et c'est peut-être là ce qui m'a causé tout à l'heure un si violent serrement de cœur. Oh ! rassurez-vous, vous n'éprouverez de ma part aucune résistance ; ma volonté sera soumise à votre volonté, et ce qui vous rendra heureux me rendra contente. Mais pardonnez-moi mon trouble, cher oncle, j'ai toujours tremblé devant ce moment et toujours je me suis dit : C'est à cette heure-là, pauvre Louise, que tu t'apercevras que tu n'as plus de mère !
LE MINISTRE.
Remets-toi, ton émotion est grande, et, dans ce moment, tu accorderais par reconnaissance ce que plus tard tu n'oserais révoquer par honte. Je te connais, noble et chère enfant, tu préfères

le bonheur des autres au tien. Écoute-moi donc : l'homme que je te destine....

LOUISE.
Arrêtez, je ne puis me laisser surpasser en franchise. J'aime.

LE MINISTRE.
Tu aimes !

LOUISE.
Vous le meilleur de mes amis, vous le plus ancien de mes confidents, écoutez-moi, j'obéirai à vos ordres. J'estimerai, je respecterai, j'épouserai l'homme de votre choix. Mais l'aimer ! oh ! l'aimer ! c'est impossible. Je n'aimerai jamais que lui seul, il est bon, il est noble, ses vertus sont un héritage qu'il tient de son père. Oh ! ayez pitié de moi, mon oncle, celui que j'aime, c'est Karl ! c'est votre fils !

LE MINISTRE.
Que Dieu bénisse ma bonne Louise. Que Dieu bénisse ma maison et mon Karl ; Louise, c'était lui que je voulais te proposer, c'était lui que je t'avais choisi pour époux.

LOUISE.
Lui ! mon père ! oh ! laissez-moi embrasser vos genoux !

SCÈNE VI.

LES MÊMES, ÉDOUARD.

LE MINISTRE.
Oh ! venez, Stevens, venez hâter le bonheur de cette belle et chère enfant.

ÉDOUARD.
Moi, monseigneur ?

LOUISE, *lui tendant la main.*
Monsieur Stevens, soyez mon ami, comme vous êtes celui de Karl.

ÉDOUARD, *s'inclinant profondément.*
Mademoiselle !

LOUISE.
Au revoir, mon cher oncle. Oh ! vous venez de faire de moi une fille aussi heureuse que reconnaissante. (*Elle sort.*)

SCÈNE VII.

LES MÊMES, *moins Louise.*

LE MINISTRE.
Comprenez-vous, Stevens ! Il s'agit du bonheur de deux êtres qui me sont chers, et ce bonheur est entre vos mains.

ÉDOUARD.
Alors, monseigneur, j'oserai vous dire que la Providence ne pouvait mieux le placer.

LE MINISTRE.
J'ai résolu de marier ma nièce Louise à mon fils Karl, mais Karl ne me semble point un partisan bien ardent du mariage ; vous, son ami, vous qu'il aime comme un frère, je vous charge de lui porter cette proposition en mon nom et de lui dire qu'il fera deux heureux en l'acceptant, moi et sa cousine, qui l'aime.

ÉDOUARD.
Monseigneur, tout ce que la persuasion peut inspirer d'ardentes paroles au cœur et aux lèvres d'un ami, la reconnaissance les fera jaillir de mon cœur et de mes lèvres.

LE MINISTRE.
Merci, Stevens ! Oh ! c'est le ciel qui vous a envoyé parmi nous. Merci, merci ! A propos, tenez, dressez-moi ce contrat de mariage. Celui de la comtesse Louise avec le baron Karl ?

LE MINISTRE.
Non, c'est celui de la comtesse Sophie avec le comte de Meldensteim, nous ferons les deux noces en même temps. Au revoir, mon cher Stevens, je suis attendu chez le roi, je vous laisse et reviens dans quelques minutes. (*Il sort.*)

SCÈNE VIII.

ÉDOUARD, *stupéfait.*

Qu'a-t-il dit ? le mariage de la comtesse Sophie avec le comte de Meldensteim. Oh ! c'est mon malheur ! c'est mon désespoir ! c'est ma mort que vous venez de m'annoncer là, monseigneur ! (*Il tombe dans un fauteuil, la tête appuyée dans ses mains.*)

SCÈNE IX.

ÉDOUARD, MEYER, *paraissant au milieu,* LE CONSEILLER, NEBEL, *arrivant chacun furtivement par une porte du pan coupé.*

MEYER, *rapidement aux deux autres, dans le fond.*
Il ne s'appelle pas Stevens, mais Ruhberg ; il est de Manheim, fils d'un receveur des rentes. Son père se meurt par suite d'un chagrin inconnu.

NEBEL.
J'ai une vieille tante qui arrive de Manheim ; elle y connaît tout le monde.

LE CONSEILLER.
Dans une heure chez moi.

NEBEL.
Bon !

MEYER.
Bien !

TOUS TROIS.
Chut !!!

(*Ils disparaissent. — La toile tombe*.)

ACTE CINQUIÈME.

Chez Édouard : Petit salon, un bureau à droite, un fauteuil de chaque côté du bureau, à gauche un canapé et une chaise derrière.

SCÈNE I.

ÉDOUARD, *assis à droite de la table ;* puis CHRÉTIEN.

ÉDOUARD.
La marier ! Sophie ! Ah ! c'est le dernier coup. Adieu mes rêves, mes folles espérances.... Tout est fini pour moi, tout.

CHRÉTIEN, *accourant.*
Monsieur Édouard ! monsieur Édouard ! une lettre de Manheim.

ÉDOUARD.
Comment, une heure en retard sur le courrier !

CHRÉTIEN.
Par extraordinaire, je n'étais pas là quand elle est arrivée...

ÉDOUARD.
Donne : l'écriture de ma sœur !... Cachetée de rouge, Dieu merci !

CHRÉTIEN.
C'est justement ce que je me disais en l'apportant. Eh bien ! monsieur, qu'y a-t-il de nouveau ?

ÉDOUARD.
Tout va bien là-bas, mon pauvre Chrétien. Les mille louis ont été remboursés à M. Alden, partie par la vente de la maison, partie....

CHRÉTIEN.
Sur ce que vous avez envoyé. Et Dieu sait que vous vous êtes privé de tout pour vous acquitter. Enfin, voilà une nouvelle qui, je l'espère, vous rendra plus gai.

ÉDOUARD.
Plus gai ? vois ce qui suit....

CHRÉTIEN, *lisant.*
« M. Alden exige, mon cher Édouard, que je t'apprenne ce que j'eusse voulu te cacher, c'est-à-dire que notre pauvre père va de plus mal en plus mal.

ÉDOUARD, *laissant tomber sa tête entre ses mains.*
Ah !

CHRÉTIEN.
Mon cher monsieur Édouard !...

ÉDOUARD.
Oh ! mon père ! mon père !

CHRÉTIEN.
Il faut espérer en Dieu ; M. Ruhberg est encore jeune.

ÉDOUARD, *passant au canapé.*
Chrétien ! Chrétien ! il m'a défendu de me tuer et il se laisse mourir !

CHRÉTIEN.
Monsieur, écrivez-lui que votre position est belle, honorable, enviée de tous ; écrivez-lui que vous êtes heureux, et ce sera, croyez-moi, un baume sur sa blessure.

ÉDOUARD.
Je ne puis lui écrire cela, Chrétien.

CHRÉTIEN.
Pourquoi?

ÉDOUARD.
Parce que ce n'est pas vrai, parce que je suis plus malheureux que je ne l'ai jamais été.... parce que je suis au désespoir!

CHRÉTIEN.
Vous! Quelque complot de ces méchantes gens, n'est-ce pas? Des Nebel, des Bezanetti? C'est encore l'intrigue des hommes qui menace votre fortune?

ÉDOUARD.
Non, Chrétien! c'est la justice de Dieu qui menace mon amour!

CHRÉTIEN.
Votre amour? Oh! monsieur, depuis que vous avez été trompé par cette affreuse femme, vous aviez tant juré de ne plus aimer personne!

ÉDOUARD.
Oui, c'est vrai. J'avais juré cela, mais que veux-tu? Je n'ai pas su tenir ma promesse, Chrétien!... J'ai vu chez le ministre sa fille adoptive.

CHRÉTIEN.
La comtesse Sophie?

ÉDOUARD.
En vain mon bon ange me criait : « Ne regarde pas de ce côté! Fuis! fuis! malheureux! » J'ai tourné la tête vers elle : un de ses regards m'a dit de rester, et je n'ai plus eu la force de fuir!

CHRÉTIEN.
Oh! monsieur! vous l'aimez!

ÉDOUARD.
Non-seulement je l'aime, Chrétien, mais encore je suis aimé d'elle. Et tout à l'heure, ici, le ministre vient de m'ordonner de dresser le contrat de mariage de la comtesse avec le comte de Meldensteim! Et la comtesse Sophie, comprends-tu, Chrétien? J'étais comme un fou, comme un désespéré!

CHRÉTIEN.
Pauvre cher monsieur Édouard!

ÉDOUARD.
Elle ignore qui je suis, et j'aspirais au moment où je pourrais la séparer de ce monde que je redoute. Je l'aurais conduite si loin, qu'aucun écho du passé ne serait venu troubler notre amour.... Mais non.... maintenant tout est devenu impossible. Oh! que ce prétendu bonheur qui m'a tiré des mains de la justice est un bonheur implacable! Qu'est-ce que la prison perpétuelle? qu'est-ce que l'échafaud auprès de cette crainte de tous les instants? auprès de ces terreurs qui m'assiègent le soir quand je me couche, le matin quand je me lève et qui murmurent à mon oreille : « La nuit se passera-t-elle sans qu'on apprenne ce que tu as fait? Le jour s'écoulera-t-il sans que l'on découvre ton crime? »

CHRÉTIEN.
Ah! mon cher maître.

ÉDOUARD.
On peut feindre toutes les vertus, il ne faut pour cela qu'être hypocrite comme Nebel, ou ambitieux comme Bezanetti; mais il y en a une qui, parce qu'elle est en quelque sorte le résumé de toutes les autres, il y en a une qui donne au mendiant en haillons, demandant l'aumône, ce regard serein qui pénètre jusque dans le ciel; à l'accusé, cette voix calme qui va au cœur des juges et qui dit : « Cette vertu, je l'avais, Chrétien : je l'ai perdue, et avec elle, j'ai perdu le courage, la force, tout ce qui est grand et noble.... »

CHRÉTIEN.
Ah! cher monsieur Édouard, vous exagérez!

ÉDOUARD.
Non, vois-tu, il y a dans un coin du cerveau de l'homme, sous la voûte de son crâne, une lumière qui brûle pour lui seul, qui lui fait voir les vrais contours de la vie, qui lui montre, au milieu du vague chemin que lui trace la destinée, le bien et le mal, le juste et l'injuste, la droiture et la félonie; cette lumière, c'est la conscience! Fais souffler sur elle les quatre vents du ciel, et l'ouragan qu'ils soulèveront ne l'empêchera pas de monter pure et droite vers Dieu; mais passe le crime, et qu'il l'effleure de son haleine, la lumière s'éteint, et le criminel va, trébuchant dans la nuit de la honte, dans les ténèbres de l'ignominie!

CHRÉTIEN.
Oh! cher maître, un repentir comme le vôtre mériterait l'absolution du plus grand crime, et d'ailleurs depuis quatre ans que vous êtes parti de Manheim, rien de cette fatale aventure n'a transpiré.... tout le monde ignore....

ÉDOUARD.
Tout le monde ignore.... mais je sais, moi; oh! je suis plein de bonnes intentions, je le jure, Dieu le voit, et ces bonnes intentions, le ministre ne demande pas mieux que de les seconder. Je m'aperçois qu'on le trompe, que la justice est trahie, que la faveur est achetée, que les places sont vendues, que les honnêtes gens échouent, que les misérables réussissent; je m'aperçois de tout cela, et je n'ose prendre l'intrigue au collet, la mettre sous mon genou, lui arracher son masque. Une injustice me révolte, mon sang bout, la parole monte menaçante à mes lèvres, j'ouvre la bouche, je vais parler.... Oui! mais le sentiment de ma honte me prend aux cheveux, ma conscience me crie : « Qui es-tu, toi qui veux reprendre les autres? » Il me semble que tous les yeux qui me regardent avidement lisent au fond de mon âme; que toutes ces bouches, qui me sourient amèrement, murmurent au milieu de leur sourire, ce mot que chaque battement de mes artères fait sonner à mon oreille : « L'honneur de ton père, misérable! l'honneur de ton père! » (Il se laisse tomber sur le canapé.)

CHRÉTIEN.
Oh! mon pauvre maître! jamais je ne vous ai vu ainsi! oh! si vous aviez du courage!

ÉDOUARD.
Eh bien!

CHRÉTIEN.
Le baron Karl de Warden, le fils du ministre est votre ami; allez le trouver et contez-lui tout.

ÉDOUARD.
Ce qui est arrivé là-bas?

CHRÉTIEN.
Oui!

ÉDOUARD.
Il me méprisera, Chrétien.

CHRÉTIEN.
Non, monsieur, vous lui parlerez comme vous venez de me parler à moi; au lieu de fuir vos ennemis, faites-leur face; marchez à eux, la tête haute!

ÉDOUARD.
Ami, deux fois mon ami, puisque tu l'es dans ma misère; toi qui te montres reconnaissant des bienfaits que tu pris avec mesure, quand d'autres sont devenus ingrats; j'accepte ton conseil, et j'aurai la force de le suivre. Oh! que tu es grand là où tant d'autres sont petits! Je ne puis te récompenser, mais ton cœur te récompensera.... Embrasse-moi, Chrétien.

SCÈNE II.

Les mêmes, LE CONSEILLER.

CHRÉTIEN, *apercevant le conseiller, se retire des bras d'Édouard.*
Ah! monsieur! tant de bontés....

ÉDOUARD.
Pourquoi t'éloignes-tu?

CHRÉTIEN.
Le conseiller!

ÉDOUARD.
Que le ciel me refuse la main d'un ami pour me fermer les yeux à ma dernière heure, s'il existe un seul être sur la terre à qui je voudrais cacher que c'est toi l'homme qui m'aime le mieux et que tu es celui que j'aime le plus. Viens dans mes bras, Chrétien, dans mes bras. (*Il l'embrasse. Se retournant.*) Bonjour, monsieur le conseiller!

LE CONSEILLER.
Pardon, monsieur Stevens, mais j'interromps, à ce qu'il paraît, une scène de sentiment qui fait à la fois honneur au maître et au domestique.

ÉDOUARD.
Va, mon cher Chrétien, car ta modestie semblerait de l'humilité, et ma reconnaissance de l'orgueil, va!

SCÈNE III.

ÉDOUARD, LE CONSEILLER.

ÉDOUARD, *indiquant le canapé au conseiller, et prenant un fauteuil.*
J'attends vos ordres, monsieur.

LE CONSEILLER.
Monsieur Stevens, plus je vous vois et plus j'apprends à vous connaître, plus je crois m'apercevoir que la position que vous occupez près du ministre est contraire à vos inclinations.

ÉDOUARD, *s'asseyant à quelque distance du baron.*
Ce n'est pas précisément la position, monsieur, qui est contraire à mes inclinations, c'est le système d'intrigues que je combats et qui, j'en ai bien peur, triomphera, malgré tous mes efforts; voilà pourquoi songe quelquefois à m'éloigner de la cour. Je voudrais quitter les affaires, parce que je suis inhabile aux affaires!

LE CONSEILLER.
Demandez-vous des compliments?

ÉDOUARD.
Non, je demande seulement du repos.

LE CONSEILLER.
Du repos! à votre âge! quand vous êtes dans toute la force de votre jeunesse, quand les faveurs pleuvent sur vous!

ÉDOUARD.
Les faveurs changent de nom, monsieur, et deviennent des bienfaits, lorsqu'elles dépassent le mérite de celui qui les obtient. Je me rends justice et confesse hautement que je ne mérite pas ce que l'on fait pour moi.

LE CONSEILLER.
Les faveurs sont toujours bien placées, monsieur, lorsque par hasard elles s'adressent à la fois à un esprit distingué et à un homme... d'honneur.

ÉDOUARD, un peu troublé.
Monsieur le conseiller!

LE CONSEILLER.
Comment, vous rougissez? mais, en vérité, monsieur Stevens, je n'ai jamais vu de modestie pareille à la vôtre. Un homme d'honneur, c'est le moins qu'on puisse être.

ÉDOUARD.
Alors, je vous remercie, monsieur, de m'estimer comme une chose que vous croyez la moindre du monde.

LE CONSEILLER.
Je vais vous prouver, monsieur, que vous ne tenez pas une si médiocre place dans mon esprit. Je viens de voir le ministre au palais, je lui ai parlé de cette répugnance que vous paraissez avoir pour le côté militant de la politique; du désir que j'avais remarqué en vous de mener une vie plus retirée et plus tranquille, et, sur ma proposition, il vous offre la place de directeur de la caisse des douanes.

ÉDOUARD.
A moi!

LE CONSEILLER.
Vous n'espériez pas si bien, n'est-ce pas?

ÉDOUARD.
Aussi, permettez-moi de douter....

LE CONSEILLER.
Le décret sera signé demain si vous le voulez, et dès que vous aurez déposé le cautionnement, la caisse vous sera remise.

ÉDOUARD.
La caisse.... oh!

LE CONSEILLER.
Vous savez que c'est une des plus considérables du royaume, et qu'elle renferme toujours deux ou trois millions?

ÉDOUARD.
Je n'ai point désiré, je n'ai point demandé cette place, monsieur.

LE CONSEILLER.
Il n'en est que plus honorable pour vous d'avoir été jugé digne de l'occuper et par vos amis et par vos ennemis. Oh! ce n'est pas comme dans la politique, et il n'est question ici ni de raison ni de sentiment : l'emploi de directeur de la caisse des douanes est une affaire de simple comptable et n'occupe que les mains.... (Traversant derrière en observant Édouard.) Eh bien! vous ne répondez pas?

ÉDOUARD, embarrassé.
Pardon, monsieur, je pense au cautionnement, à la difficulté, je dirai même à l'impossibilité de me le procurer.

LE CONSEILLER.
Bah! on a des amis en ce monde. N'êtes-vous pas de Manheim? Eh bien! je suis sûr qu'à Manheim des personnes s'empresseront de vous prêter ce misérable cautionnement. Je connais très-bien Manheim, moi, et si vous hésitez à faire les démarches, je les ferai pour vous, enchanté que je serai de servir un homme qui m'a empêché de commettre une injustice dans l'affaire de la belle paysanne de Selberg contre sa famille. (Fausse sortie.) Adieu, monsieur Ruhberg. Ah! pardon, je me trompe; mais j'ai connu autrefois à Manheim un M. Ruhberg, qui est bien souffrant en ce moment. Pauvre homme! et je ne sais comment son nom m'est venu aux lèvres à la place du vôtre. Pardon encore une fois..... Adieu, monsieur Stevens. (Il sort.)

SCÈNE IV.

ÉDOUARD, seul.

Directeur des douanes, une caisse de deux millions, emploi qui n'occupe que les mains, un cautionnement que je trouverai à Manheim, mon père malade, le nom de Ruhberg prononcé comme par erreur. Oh! c'est impossible que tous ces coups de couteau donnés dans la même plaie soient l'effet du hasard. Je suis perdu. Que faire? Fuir! abandonner Sophie! reculer devant l'orage qui s'amasse! me courber sous la tempête qui gronde! Je dirai tout au baron. Mais quand il saura que celui qu'il a protégé, appelé son ami; quand il saura que cet homme.... Mon Dieu, que faire? Si vous êtes véritablement le Dieu de miséricorde et que le repentir vous touche, envoyez quelqu'un de vos anges à mon aide. Mon Dieu, secourez-moi! Mon Dieu, soutenez-moi!

SCÈNE V.

ÉDOUARD, CHRÉTIEN, puis SOPHIE.

CHRÉTIEN.
Monsieur, la comtesse Sophie!

ÉDOUARD.
Ici! chez moi!

SOPHIE, entrant.
Oui, chez vous, Édouard, car quelque chose se trame contre vous. Il fallait que vous fussiez averti par une amie. Ne vous voyant pas venir, je suis accourue.... me voici! (Elle dépose sa mante sur le fauteuil.)

ÉDOUARD.
Chrétien, veille sur nous, et avertis-moi si quelqu'un se présentait à qui je ne puisse pas refuser ma porte; va.

CHRÉTIEN, sortant.
Soyez tranquille, monsieur.

SCÈNE VI.

ÉDOUARD, SOPHIE.

ÉDOUARD, faisant passer Sophie au canapé.
Asseyez-vous, chère Sophie; vous êtes tout émue, toute tremblante!

SOPHIE.
N'est-ce pas le conseiller Bezanetti que j'ai vu sortir de chez vous?

ÉDOUARD.
Lui-même!

SOPHIE.
Que venait-il vous dire?

ÉDOUARD, tristement.
Ce qu'il venait me dire.... c'est que je suis perdu!

SOPHIE.
Vous?

ÉDOUARD.
Oui... mais peu m'importe, Sophie.

SOPHIE.
Je ne vous comprends pas!

ÉDOUARD.
Pour qui tenais-je à ma position, à mon honneur, à ma vie? Pour vous!

SOPHIE.
Eh bien?

ÉDOUARD.
Que m'importent ma vie, mon honneur, ma position, du moment où je vous perds?

SOPHIE.
Du moment où vous me perdez? mais, vous êtes fou, Édouard.

ÉDOUARD, lui présentant un papier.
Lisez!

SOPHIE.
Un projet de contrat de mariage entre moi et le comte de Meldensteim.

ÉDOUARD.
Que le ministre m'a chargé de rédiger.

SOPHIE.
Et vous lui obéirez?

ÉDOUARD.
Je suis son secrétaire, c'est mon devoir.

SOPHIE.
Vous avez raison, Édouard, et chacun fera le sien, rassurez-vous; jamais je ne serai la femme du comte de Meldensteim.

ÉDOUARD.
Sophie! que dites-vous là?

SOPHIE.
Ne vous ai-je pas avoué que je vous aime? ne vous ai-je pas promis d'être votre femme? ne vous ai-je pas juré, si je ne pouvais tenir ce serment, de n'être, du moins, jamais à un autre?

ÉDOUARD.
Mais votre père? mais le comte?

SOPHIE.

Le comte n'est pas mon père; je n'ai jamais connu mon père. Un jour, on m'a fait venir de France, le comte m'a embrassée, m'a conduite ici et m'a dit qu'à l'avenir je vivrais près de sa nièce; il m'a donné, comme à elle, un titre; mais tous ces bienfaits, Édouard, n'engagent que mon cœur; ils n'engagent pas ma personne. Du jour que le comte me demandera le sacrifice de mes sentiments les plus chers, la rupture des engagements pris, je supplierai d'abord le comte de ne point faire, par une alliance sans amour, le malheur de ma vie, et, s'il ne veut pas me donner à celui à qui je me suis fiancée moi-même dans la religion de mon cœur, je lui redemanderai, pour le reste de mes jours, cet oubli dans lequel j'ai passé les quinze premières années de ma vie.

ÉDOUARD.

Mais, s'il repousse votre prière, s'il exige que vous épousiez le comte?

SOPHIE.

Alors, je dirai : Édouard Stevens, je suis votre fiancée devant Dieu et devant les hommes; je rends au comte le titre que je tiens de lui, je refuse la dot qu'il m'offre, je redeviens la jeune fille sans parents, sans fortune, sans appui; quittons la Bavière et allons vivre dans quelque coin ignoré, riches de votre mérite et de notre amour.

ÉDOUARD.

Sophie, vous feriez cela, sans hésitation, sans remords?

SOPHIE.

Sans remords.

ÉDOUARD.

Sans connaître celui auquel vous unissez votre destinée autrement que vous ne le connaissez?

SOPHIE.

Édouard, un certain orgueil qui est en moi me dit que je ne saurais aimer un homme indigne de moi!

ÉDOUARD.

Sophie!

SCÈNE VII.

LES MÊMES, CHRÉTIEN.

CHRÉTIEN.

La voiture du baron de Warden vient de s'arrêter dans la cour.

SOPHIE.

Le fils du ministre! S'il me trouvait ici. Je me retire. (Elle va reprendre sa mante.)

ÉDOUARD, prenant une résolution.

Non! Sophie, il faut que mon sort se décide aujourd'hui même; j'avais une confidence à faire au baron, entrez-là, ma bien-aimée Sophie, et ne perdez pas un mot de ce que je vais dire. Quand vous m'aurez entendu, si vous me croyez indigne de vous, sortez par la petite porte de ce cabinet qui donne sur le corridor. Ne vous voyant point reparaître quand le baron sera parti, je comprendrai tout. Pour moi, dans une heure je quitte Munich et dans trois jours la Bavière, vous ne me reverrez jamais; si au contraire, malgré ce que vous aurez entendu, vous m'aimez encore, alors, Sophie, alors, je ne m'appartiens plus; je suis à vous corps et âme, vous ordonnerez et j'obéirai à vos ordres! Vous marcherez devant moi et je vous suivrai partout où vous irez, et, quand il vous plaira de vous arrêter, je tomberai à vos genoux en disant : « Sophie, ce n'est pas votre époux, c'est votre esclave qui est à vos pieds. »

CHRÉTIEN, reparaissant.

Le baron de Warden.

ÉDOUARD, poussant Sophie dans le cabinet à gauche.

Entrez, Sophie, entrez.

SCÈNE VIII.

ÉDOUARD, LE BARON, en costume d'officier bavarois.

LE BARON, très-amical.

Bonjour, mon cher Stevens.... Vous étiez avec quelqu'un, ce me semble, ne suis-je pas importun?

ÉDOUARD.

Vous êtes mille fois le bienvenu, au contraire; cher baron, je souhaitais ardemment de vous voir et j'allais me rendre chez vous.

LE BARON.

Ainsi tous deux en même temps nous avions même pensée, même désir; mais vous, Édouard, ce n'est point un sentiment égoïste qui vous poussait vers moi; vous n'avez point de confidence à me faire, de secret à verser dans mon sein?

ÉDOUARD.

Hélas!

LE BARON.

Oh! parlez alors; si un chagrin confié à un ami devient plus léger, dites que je ne suis point votre ami, s'il ne s'allége pas partir d'aujourd'hui.

ÉDOUARD.

Vous me devinez, vous m'encouragez. Toujours noble, toujours généreux, oh! je vous reconnais bien là

LE BARON.

Parlez, je vous écoute.

ÉDOUARD.

Ah! mon Dieu!

LE BARON.

Qu'avez-vous?

ÉDOUARD.

J'ai qu'au moment d'aborder un aveu terrible, j'hésite, je tremble Oh! baron, je voudrais, au lieu de vous tout devoir, vous avoir rendu de mon côté quelques-uns de ces services éminents qui engagent un homme envers un autre homme, tandis que je vous dois tout.

LE BARON.

Eh bien! ce service éminent, que vous regrettez de ne pas m'avoir rendu, je venais précisément le réclamer de votre amitié Laissez-moi parler le premier, promettez-moi de faire selon le désir de mon cœur, puis, alors vous parlerez vous-même, et ma reconnaissance sera si grande que, quelque service que vous me demandiez et que vous rende, je serai encore votre obligé, puisque je vous devrai le bonheur de ma vie. (Il lui prend le bras et l'emmène au canapé.)

ÉDOUARD.

J'accepte le pacte saint que vous m'offrez, baron, et je jure fidélité à vos intérêts, quand même le chemin de votre bonheur devrait passer sur mon tombeau. (Il s'assied près du canapé.)

LE BARON, lui serrant la main.

Écoutez : ma jeunesse a été une triste jeunesse, je suis arrivé à l'âge de vingt-cinq ans sans amitié, sans amour.

ÉDOUARD.

Et maintenant?

LE BARON.

Maintenant j'ai tous les deux.... Un ami qui m'aime, une femme que j'aime.

ÉDOUARD.

Sauriez-vous déjà qu'aujourd'hui votre père, le comte de Warden?....

LE BARON.

Vous a chargé de sonder mes sentiments à l'égard de ma cousine, la comtesse Louise. Je le sais.

ÉDOUARD.

Eh bien!

LE BARON.

La comtesse Louise n'est pas celle que j'aime, Édouard.

ÉDOUARD.

Mais votre père s'était fait une joie de ce mariage.

LE BARON.

Mon père sait trop ce que c'est qu'une union, où d'un côté l'amour manque, pour insister sur la mienne, quand vous lui direz, Édouard, que non-seulement je n'aime pas la comtesse Louise, mais encore que j'aime une autre femme.

ÉDOUARD.

Une autre femme!

LE BARON.

Vous lui direz que j'aime la comtesse Sophie!

ÉDOUARD, se levant.

La comtesse Sophie.... ah!...

LE BARON, debout.

Qu'avez-vous, Édouard?

ÉDOUARD.

Rien, mais laissez-moi parler franchement, baron; je ne crois pas que la comtesse Sophie vous aime.

LE BARON.

Vous ne croyez pas? et pourquoi? d'où vous vient ce doute, Édouard? vous ne répondez pas? Vous paraissez embarrassé.

ÉDOUARD.

Vous savez que votre père m'avait chargé de vous parler de votre mariage avec la comtesse Louise. Il attend une réponse. Que lui dirai-je?

LE BARON, devenu très-froid passant devant Édouard.

Rien encore; ne lui dites rien de mon amour. Je lui parlerai de tout cela moi-même; c'est une affaire à débattre entre le père et le fils, et il est inutile qu'un étranger s'en occupe.

ÉDOUARD.

Un étranger?

LE BARON.
Pardon, Édouard, mais c'est qu'il m'a semblé que vous n'étiez pas favorable à la comtesse Sophie.

ÉDOUARD.
Moi ?

LE BARON.
Depuis que j'ai prononcé son nom, on dirait qu'un souffle de glace a passé entre nous !

ÉDOUARD.
Je vous ai juré fidélité, inébranlable fidélité, baron ! Doutez-vous de ma parole ?

LE BARON.
Non ; je sais que vous êtes un homme sur la foi duquel on peut compter ; maintenant, ami, la confidence a fait du bien à mon cœur, et j'ai là, à mon tour, de la place pour votre chagrin.

ÉDOUARD.
Baron, mon histoire n'est point de celles que l'on raconte aux gens heureux.

LE BARON.
Édouard, vous m'avez promis...

ÉDOUARD.
Je vous écrirai.

LE BARON.
Vous m'écrirez ! Vous vouliez me parler tout à l'heure !

ÉDOUARD.
J'ai réfléchi, je ne le puis plus maintenant ; un écrit vaudra mieux que mes paroles.

LE BARON.
Mon Dieu ! qu'avez-vous, Édouard ? Vous pâlissez ?

ÉDOUARD.
Moi ? Non ! au contraire ; c'est la première fois depuis longtemps que je me sens bien : car, à compter de ce moment, mon parti est irrévocablement pris. Je verrai la comtesse Sophie, et soyez tranquille, j'agirai de mon mieux.

LE BARON.
Mais moi, Édouard, ne puis-je rien pour vous ?

ÉDOUARD.
Rien, absolument rien, baron. Adieu.

LE BARON.
Au revoir alors. (*Il prend son chapeau sur la table.*) Je ne sais, Édouard, mais votre changement subit....

ÉDOUARD.
Vous défiez-vous de mon amitié ?

LE BARON, *avec hésitation d'abord.*
Non ! non ! (*Se retournant près de sortir.*) Édouard, je mets mon bonheur entre vos mains.

SCÈNE IX.

ÉDOUARD, SOPHIE.

ÉDOUARD, *apercevant Sophie sur le seuil du cabinet.*
Eh bien ! Sophie, suis-je assez malheureux ?

SOPHIE.
Pourquoi cela ? et en quoi la situation est-elle changée ?

ÉDOUARD.
Le baron vous aime, et j'ai fait serment....

SOPHIE.
Oui, j'ai entendu, vous avez juré de le servir près de moi. Mais moi, Édouard, j'ai juré de ne point écouter ce que vous aviez à me dire !

ÉDOUARD, *fiévreusement.*
Vous m'écouterez cependant, Sophie ; car je vais vous parler du plus profond de mon cœur ; car le baron de Warden est un noble esprit, son âme est digne de la vôtre, et lorsqu'il vous offre un nom irréprochable, une amour immense, une fortune princière, je dois vous dire : Sophie, celui-là est votre époux, ne pensez plus à moi.

SOPHIE.
Pourquoi ne plus penser à vous ?

ÉDOUARD.
Parce que, moi, je n'ai rien de ce qu'il a ; parce que autant il est digne de vous, autant moi, Sophie, j'en suis indigne.

SOPHIE.
Je ne vous comprends pas.

ÉDOUARD.
Ne vous rappelez-vous donc pas que je vous avais ouvert la porte de ce cabinet, que vous entendissiez une confidence terrible que j'avais à faire au baron ?

SOPHIE.
Vous ne l'avez pas faite ?

ÉDOUARD.
Non, parce qu'à lui, elle était devenue inutile ; mais à vous, Sophie, je dois la faire sans retard, à l'instant même.

SOPHIE.
Parlez, Édouard ; vous voyez que je vous écoute avec calme, que j'attends sans pâlir.

ÉDOUARD.
Au nom du ciel, Sophie, ayez pitié de moi, renoncez à moi en m'aimant, en m'estimant. Mon bonheur, au prix de ce que j'ai à vous dire, serait acheté trop cher, car alors, oh ! même avec votre amour, il n'y aurait plus de bonheur pour moi.

SOPHIE.
Édouard, plus ce secret est terrible, plus, moi, votre fiancée, moi votre femme, j'ai le droit de le connaître, d'en porter la moitié.

ÉDOUARD.
Sophie, le baron de Warden vous aime, il fera de vous une femme riche, honorée, heureuse. Sophie, je vous en conjure, épousez le baron de Warden.

SOPHIE.
J'attends ce secret que vous m'avez promis.

ÉDOUARD.
Vous le voulez ? Eh bien !...

SOPHIE.
Eh bien....

ÉDOUARD.
Je suis....

SOPHIE.
Achevez.

ÉDOUARD.
Je suis un.... Oh ! je n'aurai jamais le courage de prononcer ce mot ! Oh ! non ! (*Il traverse dans une grande agitation.*)

SOPHIE.
Vous avez dit que vous écririez. Écrivez.

ÉDOUARD, *passant vivement auprès de la table, puis au moment d'écrire jetant la plume.*
Vous l'exigez, Sophie ?

SOPHIE.
Moi, je n'exige rien, je ne veux rien, je ne demande rien ; parlez ou taisez-vous, peu m'importe ! Je vous ai dit que je vous aimais, et quand une femme comme moi a donné son cœur, c'est pour toujours.

ÉDOUARD.
Non, vous n'avez rien promis ; non, vous n'avez rien juré ; non, aucun serment ne vous lie, et je vous rends votre parole, Sophie, en vous donnant ce papier, sur lequel je signe moi-même mon arrêt de mort. Tenez. (*Sophie prend le papier et veut lire, Édouard jette un cri.*) Oh ! non ! non ! Pas ici, pas devant moi, pour l'amour du ciel ! J'en mourrais de honte. Sophie ! Sophie ! adieu. (*Il conduit Sophie jusqu'à la porte et vient tomber dans un fauteuil sur le devant du théâtre.*)

SCÈNE X.

ÉDOUARD, *seul.*

Oh ! c'est maintenant que je suis bien véritablement perdu !

SCÈNE XI.

ÉDOUARD, SOPHIE.

(*La porte se rouvre, Sophie paraît sur le seuil, s'approche lentement, touche l'épaule d'Édouard, qui, en l'apercevant, se renverse en arrière en jetant un cri.*)

ÉDOUARD.
Ah !

SOPHIE.
Édouard, la faute est grande ; mais la miséricorde de Dieu est infinie, comme mon amour

ACTE SIXIÈME.

Même décor qu'au quatrième. Même ameublement; la table à gauche, un fauteuil à côté, un fauteuil à droite.

SCÈNE I.

MEYER, BEZANETTI.

MEYER.

Eh bien?

BEZANETTI, *venant du fond.*

Notre homme est resté tout simplement confondu quand je l'ai appelé par son nom.

MEYER.

Alors c'est bien lui?

BEZANETTI.

Parbleu !

MEYER.

Édouard Ruhberg de Manheim?

BEZANETTI.

Édouard Ruhberg de Manheim.

MEYER, *se frottant les mains.*

Ah ! nous le tenons donc enfin. Bon ! Nebel.

SCÈNE II.

LES MÊMES, NEBEL.

NEBEL.

Ça chauffe! ça chauffe!

BEZANETTI.

Ah! ah! vous paraissez satisfait, Nebel.

NEBEL.

Messieurs, je crois que ce soir ou demain matin, au plus tard, on pourra le cueillir, il sera mûr.

MEYER.

Dieu soit loué !

BEZANETTI, *à Meyer.*

Maintenant, dites-moi, il me semble que le baron est resté bien longtemps hier chez Stevens.

MEYER.

Et en est sorti bien triste, n'est-ce pas?

BEZANETTI.

Triste? oui, mais pourquoi?

MEYER.

Voilà ce que j'ignore.

NEBEL.

Ce que je sais, moi.

BEZANETTI.

Ce bon Nebel, il sait tout.

MEYER.

Dites, alors.

NEBEL.

Le baron refuse d'épouser la comtesse Louise.

BEZANETTI.

Comment savez-vous cela?

MEYER.

Et le motif de son refus? Voilà ce qu'il serait important de savoir.

NEBEL.

Messieurs, je hasarderais bien une opinion.

BEZANETTI.

Hasardez, Nebel, hasardez.

NEBEL.

Eh bien! je jurerais....

MEYER.

Quoi?

NEBEL.

Que le baron en tient pour la comtesse Sophie.

MEYER.

Je me range à l'avis de M. Nebel.

BEZANETTI.

Vous disiez hier matin que c'était le Stevens qui en tenait pour elle.

NEBEL.

Qu'y aurait-il d'étonnant à ce que deux hommes fussent amoureux de la même femme?

MEYER.

Je suis plus que jamais de l'avis de M. Nebel.

BEZANETTI, *joyeux et en passant au milieu.*

Mais alors, attendez donc, le secrétaire est perdu sans ressource. Trois ennemis à la fois. Le ministre, le baron Karl et la comtesse Louise, à qui l'on peut faire comprendre adroitement qu'elle doit à une trahison du Stevens un refus qui l'insulte..., c'est mon affaire trois.

MEYER.

Chut !

LES AUTRES.

Quoi ?

MEYER.

C'est elle.

SCÈNE III.

LES MÊMES, LA COMTESSE LOUISE.

LOUISE.

Mon oncle est-il chez lui, Meyer?

MEYER.

Le roi l'a fait appeler, mademoiselle; mais peut-être est-il rentré par le petit escalier.

LOUISE, *s'asseyant à gauche.*

Assurez-vous-en, je vous prie, et demandez-lui s'il peut me recevoir.

(*Meyer sort. Nebel et Bezanetti s'approchent de la comtesse.*)

BEZANETTI.

Comtesse, permettez que nous profitions du hasard qui nous fait trouver sur votre chemin.

NEBEL.

Pour vous présenter nos respectueux hommages.

BEZANETTI.

Et pour être les premiers à vous féliciter....

LOUISE.

De quoi, messieurs?

BEZANETTI.

Mais.... de votre mariage, comtesse. N'épousez-vous point le baron Karl? (*Mouvement de Louise. Bas à Nebel.*) Elle sait le refus.

MEYER.

Voici Son Excellence.

NEBEL.

Cela marche. Au baron à présent.

SCÈNE IV.

LOUISE, LE MINISTRE.

LE MINISTRE, *l'embrassant au front.*

Tu me fais demander audience, chère enfant ?

LOUISE.

Non, mon oncle. Je désirais seulement savoir si vous n'aviez personne avec vous.

LE MINISTRE.

Si je n'avais personne avec moi? Il y a donc derrière ces belles lèvres-là une confidence cachée qui demande à sortir ?

LOUISE.

Mon oncle, vous avez toujours été si bon, si indulgent pour moi, que vous le serez encore aujourd'hui, j'en suis sûre.

LE MINISTRE.

Indulgent ! Jamais, depuis que je t'ai reprise aux mains de ta mère mourante, de ma pauvre sœur, ma chère Louise, jamais tu n'as eu besoin de mon indulgence.

LOUISE.

Oh ! mon bon oncle !

LE MINISTRE.

Voyons, où en est notre cœur ? Si joyeux hier, pourquoi paraît-il si triste aujourd'hui ?

LOUISE.

Ah! vous sentez donc que c'est ma tristesse qui m'amène près de vous?

LE MINISTRE.

Y a-t-il besoin de le demander? Seulement je cherche vainement la cause de cette tristesse. As-tu vu Karl?

LOUISE.

Oui.

LA CONSCIENCE.

LE MINISTRE.
Eh bien ! que t'a-t-il dit ?

LOUISE, *retenant ses larmes.*
Oh ! il n'a nullement été question entre nous de vos projets ; seulement, en causant, il m'a dit — ce qu'il savait déjà, lui — qu'il m'aimait comme on aime une sœur, et je me suis aperçue de ce que j'ignorais, c'est que je l'aimais comme on aime un frère.

LE MINISTRE.
Toi !

LOUISE.
Oh ! pas autrement, mon oncle, je vous jure.

LE MINISTRE.
Lève un peu sur moi tes beaux yeux, et regarde-moi, Louise. Tu aimes Karl comme on aime un frère, pauvre enfant !

LOUISE.
Du moins, je ferai en sorte... j'y parviendrai... *(Tombant à genoux.)* Oh ! mon oncle, je suis bien à plaindre... Karl aime une autre que moi.

LE MINISTRE.
Une autre que toi ? une autre que ma Louise ? Oui.... quelque amour de jeune homme.... quelque caprice que l'on prend pour une passion quand le cœur est désœuvré.... quand on a vingt ans.... Mais un amour vrai, un amour qui résiste au tien, un sentiment qui puisse balancer le bonheur que tout homme aurait à te nommer sa femme, ma Louise !... Non, Karl ne l'a jamais éprouvé, ce sentiment.... non.... son cœur fût-il plein d'une autre, un de tes regards suffirait à l'en chasser pour toujours.

LOUISE.
Il en aime une autre ; et ce n'est point, comme vous dites, une fantaisie du moment, un caprice passager comme l'heure qui l'aurait vu naître. La femme qu'il aime ne saurait inspirer qu'un amour profond et durable, et vous ne pouvez lui faire un crime de cet amour. Je ne puis m'en plaindre. Est-ce sa faute si son cœur a parlé ? Sais-je quand et comment j'ai aimé, moi ? Et ce sentiment qui dormait au fond de mon âme, en soupçonnais-je la force avant d'avoir été si heureuse d'une espérance et si malheureuse de la réalité ?

LE MINISTRE.
Mais cette femme, la connais-tu ? Quelle est cette femme ?

LOUISE.
Cette femme est digne de vous ; elle est digne de lui. C'est la comtesse Sophie !

LE MINISTRE.
Sophie !... Mais ce mariage est impossible. Qui t'a dit ?... comment sais-tu ?...

LOUISE.
Interrogez M. Stevens, il est le confident de votre fils.

LE MINISTRE.
Stevens ! Stevens avait connaissance de cet amour.... et il me l'avait caché ! il a pu tromper ma confiance !

SCÈNE V.

LES MÊMES, ÉDOUARD.

LE MINISTRE.
Ah ! venez, Stevens.... Approchez.... Je n'ai pas besoin de vous apprendre de quoi il va être question entre nous.... les larmes de cette enfant vous le font assez deviner. J'espère donc que vous voudrez bien me dire à l'instant....

LOUISE.
Oh ! quand je ne serai plus là !...

LE MINISTRE, *la reconduisant doucement à la porte de son cabinet.*
Tu as raison, pas devant toi, pauvre âme que l'on brise ! pauvre ange dont on méconnaît la céleste candeur ! Va, laisse-nous ! va !
(Il la serre dans ses bras ; Louise sort.)

SCÈNE VI.

LE MINISTRE, ÉDOUARD.

LE MINISTRE.
Monsieur Stevens, en vous initiant à mes affaires de famille, en vous chargeant d'une mission intime, je vous donnais plus qu'une marque de confiance, je vous donnais une preuve d'amitié. Pour vous, le dévouement était un devoir. Ce devoir, l'avez-vous rempli ?

ÉDOUARD.
Je n'ai rien à me reprocher, monseigneur !

LE MINISTRE.
Vous avez vu mon fils ?

ÉDOUARD.
Je l'ai vu.

LE MINISTRE.
Et connaissant son refus de m'obéir, le mépris qu'il fait de mes plus chères espérances, vous n'avez pas jugé à propos de m'en informer, de m'instruire de l'état de son cœur ?

ÉDOUARD.
Monseigneur, il est certains moments, certaines circonstances où l'on hésite à faire même ce que l'on considère comme un devoir.

LE MINISTRE.
Et croyez-vous, monsieur, qu'il m'eût été plus pénible d'apprendre de votre bouche le refus de mon fils, que d'en être instruit par cette enfant ? Vous ne savez donc pas qu'elle l'aime, monsieur, et que la douleur qu'elle ressent aujourd'hui on aurait pu la lui épargner, si vous m'eussiez prévenu ? J'aurais fait appeler mon fils, j'aurais anéanti d'un mot ses projets insensés. Mais peut-être avez-vous rêvé comme lui, pour lui un autre mariage !... Je vous dis, moi, que ce mariage ne se fera jamais, que je ne le veux pas qu'il est impossible.

ÉDOUARD.
Karl aime la comtesse Sophie, monseigneur.

LE MINISTRE.
Ne me dites pas cela.

ÉDOUARD.
Il l'aime, et quand il m'a fait l'aveu de ses sentiments....

LE MINISTRE.
Vous ne les avez point combattus ?

ÉDOUARD.
Je ne le pouvais pas, monseigneur.

LE MINISTRE.
Vous ne le pouviez pas ?

ÉDOUARD.
Non ; car il m'a dit que le bonheur de sa vie était attaché à cette union.

LE MINISTRE.
Et, dès lors, vaincu par cet aveu, vous avez gardé le silence !

ÉDOUARD.
J'ai fait plus, monseigneur ; j'ai cédé à la voix d'un ami, à sa prière ; je lui ai donné ma parole de l'aider, de le servir.

LE MINISTRE.
Malheureux ! mais savez-vous s'il n'y a pas un secret.... une raison terrible qui s'oppose au mariage de mon fils avec la comtesse Sophie, et d'ailleurs ne vous avais-je pas fait connaître mes desseins, ma volonté ? Qui donc vous a dégagé des devoirs que votre position, sinon votre reconnaissance, vous impose ? Avez-vous renoncé à cette position que je vous ai faite ? Ai-je reçu votre démission ?

ÉDOUARD.
Je venais vous prier de l'accepter, monseigneur.

LE MINISTRE.
Vous, Stevens !... C'est bien, monsieur, qu'il eût fallu la donner. Votre démission.... je l'accepte.... envoyez-la-moi. Vous avez raison, monsieur, ... les rapports entre nous sont désormais impossibles.... et, à tout prendre, j'aime mieux me séparer d'un ingrat que d'avoir à me défier d'un traître.

ÉDOUARD.
Monseigneur !...

LE MINISTRE.
J'attends votre démission, monsieur.
(Édouard s'incline. — Le ministre sort.)

SCÈNE VII.

ÉDOUARD, CHRÉTIEN.

(Édouard reste absorbé, puis tout à coup va à la table.)

CHRÉTIEN.
Vous êtes seul, monsieur Édouard ?

ÉDOUARD, *écrivant sa démission.*
Ah ! te voilà, Chrétien ?

CHRÉTIEN.
Je ne sais ce qui se passe autour de nous, monsieur, mais je suis inquiet de tout ce que je vois. On dirait que quelque grande catastrophe nous menace. Et votre agitation....

ÉDOUARD, *se levant.*
Chrétien, nous partons dans une heure.

CHRÉTIEN.
Vous quittez Munich ?

ÉDOUARD.
Pour n'y jamais revenir.

CHRÉTIEN.

Jamais?... Ne laissez-vous donc ici personne que vous regrettiez?... qui vous regrette?... Elle vous aimait, disiez-vous?

ÉDOUARD.

Oui.... oh! oui.... elle m'aime!

CHRÉTIEN.

Et vous partez malgré cela?

ÉDOUARD.

A cause de cela, Chrétien.... pour qu'elle m'oublie.... pour qu'elle en aime un autre.

CHRÉTIEN.

Oh! monsieur, si le monde connaissait toute la noblesse de votre conduite?

ÉDOUARD.

Je n'agis plus pour obtenir son approbation, mais pour être satisfait de moi. Que tout soit prêt dans une heure, va!

CHRÉTIEN.

Et où allons-nous, monsieur?

ÉDOUARD.

Le sais-je? où le hasard nous conduira. Je dis nous,... car tu ne refuseras pas de me suivre encore, n'est-ce pas? Quoique je sache à peine de quoi nous vivrons et si j'aurai du pain à te donner.

CHRÉTIEN.

Moi vous quitter, monsieur!... jamais.

ÉDOUARD, *voyant la comtesse qui entre par la gauche.*

Sophie!... pas un mot! (*Chrétien sort lentement.*)

SCÈNE VIII.

ÉDOUARD, SOPHIE.

SOPHIE.

Je vous croyais avec le ministre, Édouard.

ÉDOUARD.

Son Excellence est rentrée dans son cabinet et ne m'a pas dit de l'y suivre.

SOPHIE.

Louise était ici ce matin. Je l'ai rencontrée tout à l'heure et elle a paru m'éviter.

ÉDOUARD.

La comtesse Louise souffre d'un amour qu'elle sait aujourd'hui n'être point partagé, et votre présence est à la fois pour elle un souvenir et une douleur.

SOPHIE.

Mais elle sera heureuse; mais je n'aime pas le baron Karl.

ÉDOUARD.

Il vous aime, lui, madame.

SOPHIE.

Il m'oubliera, car je ne peux être à lui; vous le savez bien

ÉDOUARD.

Oui... je sais que belle, heureuse, comblée de tous les dons que l'on ne doit qu'à Dieu, de toutes les faveurs que l'on doit au hasard, vous avez dit à un homme que les événements de la vie avaient jeté sur votre chemin, à un malheureux.... à un coupable : « Ce bonheur, je vous le sacrifie, cet éclat j'y renonce, ce trésor je vous le donne!... Et vous l'eussiez fait, Sophie.... vous le feriez.... Oh! les paroles qui sont tombées de votre cœur, je les ai recueillies une à une dans le mien. Elles n'en sortiront jamais, Sophie! Je les emporterai avec moi au ciel.

SOPHIE.

Mon Dieu! Édouard, qu'avez-vous? D'où vient cette émotion, vous me parlez comme si nous ne devions plus nous revoir!

ÉDOUARD.

Le ministre!

SCÈNE IX.

LES MÊMES, LE MINISTRE.

LE MINISTRE *à Édouard*.

Eh bien, monsieur?

ÉDOUARD, *après un instant d'hésitation, lui remettant la démission qu'il vient d'écrire.*

Voici, monseigneur.

LE MINISTRE.

C'est bien. Vous avez chez vous des papiers importants, qui intéressent l'État: vous me les remettrez ou vous me les ferez remettre avant votre départ.

SOPHIE, *à part.*

Son départ !

(*Édouard, après avoir jeté un regard douloureux sur Sophie, s'incline et sort silencieusement.*)

SCÈNE X.

SOPHIE, LE MINISTRE.

SOPHIE.

M. Stevens vous quitte?

LE MINISTRE.

Oui.

SOPHIE.

Pour longtemps?

LE MINISTRE.

Pour toujours.

SOPHIE.

Alors ce papier?...

LE MINISTRE.

C'est sa démission.

SOPHIE.

Qu'il vous a offerte ou que vous lui avez demandée?

LE MINISTRE.

Qu'il m'a offerte et que j'ai acceptée.

SOPHIE.

Vous n'ignorez point, monsieur, que votre protection lui a fait ic des ennemis mortels?

LE MINISTRE.

Stevens, en cette circonstance, n'a eu d'autre ennemi que lui même.

SOPHIE.

Vous qui êtes à la fois l'indulgence et la justice, je n'ai pa besoin de vous dire, monsieur, qu'il n'existe peut-être pas un seu homme qui dans sa conduite passée n'ait quelque reproche à se faire

LE MINISTRE.

J'ignore à quoi vous faites allusion, comtesse. Il ne s'agit poin ici de la conduite passée, mais de la conduite présente de M. Stevens, chargé par moi d'une mission de confiance près du baro Karl; où j'attendais le dévouement, j'ai trouvé la trahison.

SOPHIE, *à part.*

Oh! je sais tout; pauvre Édouard!

LE MINISTRE.

En somme, M. Stevens a eu envers moi des torts graves, il les a compris.... il s'éloigne.

SOPHIE.

Êtes-vous bien sûr qu'il soit convaincu de ces torts, croyez-vou fermement que ce soit à cause de ces torts qu'il s'éloigne? Ne vous est-il pas venu à la pensée qu'il pourrait y avoir un autre motif qu celui que vous supposez à ce départ, si précipité qu'il ressemble à une fuite? N'avez-vous pas entendu dire qu'il avait existé autrefoi tel grand cœur, si grand, qu'il était capable d'abandonner pour u malheur certain, inouï, éternel, un bonheur dont il avait la modesti de se croire indigne? Ces hommes-là, prenez-y garde, monseigneur, ils laissent, une fois partis, ils laissent plus qu'un regret, ils laissent un remords au cœur de ceux qui les ont méconnus. Eh bien je vous dis, moi, monseigneur, que M. Stevens est un de ce hommes-là. Je vous dis que cette action que vous lui reproche: comme une trahison et que je tiens moi pour un dévouement suprême, il lui a fallu une force plus qu'humaine pour l'accomplir. Je vous dis cela, monseigneur, et avec l'aide de Dieu je vous donnera la preuve de ce que je vous dis. (*Elle sort vivement par la gauche.*)

SCÈNE XI.

LE MINISTRE, *seul.*

Que veut-elle dire, et que se passe-t-il ici? qu'y a-t-il donc dans l'âme de ce Stevens? quel secret me cache-t-il, à moi, qui croyais savoir tous ses secrets? Depuis trois ans je l'étudie, depuis trois ans je n'ai pas surpris en lui un sentiment, une pensée qu'il ne pût avouer tout haut et en face de tous. A chaque nouvelle preuve de faveur ou de confiance que je lui donnais, il répondait par un dévouemen plus absolu. Sévère pour lui, indulgent pour les autres, infatigable au travail, étranger aux plaisirs, inaccessible à la corruption, cherchant à force de délicatesse et pour satisfaire sa conscience à racheter une faute de jeunesse qu'il ne croit connue que de lu seul, et que je connais moi; l'ayant si largement rachetée que je le tiens pour plus pur qu'un homme qui n'aurait jamais failli, voilà ce Stevens d'hier; et aujourd'hui j'en suis à me demander : est-il traître?... est-il ingrat?...

SCÈNE XII.

LE MINISTRE, KARL, puis MEYER.

KARL.

Il est l'un et l'autre, mon père : ingrat envers vous, traître envers moi.

LE MINISTRE.

Envers vous?

KARL.

Traître envers moi qui l'ai pris pauvre, ignoré, perdu, qui vous l'ai amené par la main, qui vous ai dit : « Vous cherchez un homme, prenez celui-ci, mon père. » Ingrat envers vous qui l'avez reçu comme un second fils, comblé de distinctions et de faveurs; oui ingrat envers vous, traître envers moi ; il aime la comtesse Sophie !

LE MINISTRE.

Stevens !

KARL.

Comprenez-vous l'orgueilleux à qui le titre de votre secrétaire ne suffit pas, l'ambitieux que vous faites le premier après vous et qui cherche sur quel degré il mettra le pied pour monter plus haut encore, et qui met le pied sur mon cœur?

LE MINISTRE.

Il aime la comtesse Sophie?

KARL.

Ah! vous ne pouvez croire à une pareille impudence, n'est-ce pas, monsieur? La comtesse Sophie, une fille noble, titrée, riche, que vous avez traitée comme votre enfant, c'est à elle qu'il s'adresse, c'est elle qu'il aime.

LE MINISTRE.

Stevens !...

KARL.

Non-seulement il l'aime, mais il en est aimé.

LE MINISTRE, sonnant à gauche.

Stevens! (A Meyer qui entre.) Stevens, appelez Stevens !

MEYER.

A l'instant, monseigneur.

LE MINISTRE.

Non, restez ; c'est à la comtesse Sophie de me répondre.

MEYER.

Pardon, monseigneur, les personnes que vous attendez de Manheim...

LE MINISTRE.

Sont arrivées, c'est bien. (Meyer sort, le ministre à Karl.) Ce que vous m'avez dit de Stevens, monsieur, je ne le crois pas, car si cela était, car s'il aimait la comtesse Sophie, surtout s'il était aimé d'elle, ce Stevens que vous accusez et que moi je soupçonnais, ce Stevens serait le plus honorable, le plus noble, le plus généreux des hommes, car ici, tout à l'heure, à cette place, il m'implorait pour un autre, il me demandait la main de la comtesse pour vous, son ami.

KARL.

Lui, Stevens!

LE MINISTRE.

Attendez-moi là, monsieur. (Il sort vivement par la gauche.)

SCÈNE XIII.

KARL, puis STEVENS.

KARL.

Il l'aime, il en est aimé, et il demandait sa main pour moi. (Apercevant Stevens.) Ah! venez, Stevens, est-il vrai que vous ayez fait cela, que vous ayez parlé pour moi à mon père?

STEVENS, venant du fond.

Ne m'y étais-je pas engagé, Karl?

KARL.

Oui ; mais lorsque je vous ai demandé cet engagement, j'ignorais que c'était compromettre votre bonheur.

STEVENS.

Vous voulez dire ma position, Karl; c'est à vous que je la devais, et je suis heureux de vous la sacrifier. Son Excellence a reçu ma démission.

KARL.

Votre démission?

STEVENS.

Oui, voici des papiers importants que je vous prierai de remettre à votre père; assurez-le surtout de mon éternelle reconnaissance, dont j'ai bien peur qu'il n'ait douté un instant. Adieu, baron.

KARL.

Comment, vous partez !

STEVENS.

Je pars.

KARL.

Vous quittez Munich ?

STEVENS.

Je quitte la Bavière.

KARL, le retenant.

Oh non ! Édouard, vous ne partirez pas ainsi, c'est impossible.

STEVENS.

Je partirai, Karl, et à l'instant même.

KARL.

Stevens, j'ai bien souvent dans ma vie entendu parler de générosité, de dévouement, de loyauté; mais c'était à vous d'en donner le plus admirable exemple. Partez donc, mais soyez certain que vous laissez ici un cœur qui vous sera reconnaissant jusqu'à la mort. Votre main, Stevens.

SCÈNE XIV.

LES MÊMES, NEBEL, puis MEYER.

NEBEL, dans l'antichambre.

Oh ! mais le baron le saura lui. (Entrant.) N'est-ce pas, monsieur le baron, que vous le savez?

KARL, au milieu.

Quoi, monsieur?

NEBEL.

Où est allée la comtesse Sophie ?

KARL.

La comtesse Sophie? Où est allée la comtesse Sophie.... Expliquez-vous, monsieur.

NEBEL.

L'explication ne sera pas longue; en quittant M. Stevens ou le ministre, elle est montée chez elle, et après avoir mystérieusement fait avancer une voiture de place par la ruelle qui longe l'hôtel, elle est partie.

KARL.

Partie !...

STEVENS.

Partie sans que personne sache le motif de ce départ, ni de quel côté elle a dirigé sa fuite ?

KARL.

Partie, et vous alliez aussi quitter Munich, M. Stevens. Partie ! la comtesse.... mais cela est-il vrai, Meyer ?

MEYER entrant.

En effet, Excellence, la comtesse Sophie n'est plus à l'hôtel.

KARL.

Quoi ! elle s'est éloignée.... ainsi.... furtivement, sans l'ordre de mon père, sans son aveu, sans qu'il sût qu'elle s'éloignait ! Mais ce que vous me dites là est impossible, messieurs.

MEYER.

C'est précisément ce que dit Son Excellence en trouvant son appartement vide et avant de lire la lettre qu'elle a laissée pour lui.

KARL.

Elle a donc laissé une lettre pour mon père ?

MEYER.

Oui, très-longue, très-explicative, et une seconde pour vous.

KARL.

Pour moi, où est-elle ?

MEYER.

La voilà.

KARL, prenant la lettre.

« Monsieur Stevens; » cette lettre n'est pas pour moi, Meyer.

MEYER.

Pour qui donc est-elle ?

KARL.

Pour M. Stevens.

MEYER.

Ah ! maladroit que je suis ! (Il échange un coup d'œil avec Nebel.)

KARL.

Et vous dites que vous ignoriez le départ de la comtesse Sophie, monsieur ?

ÉDOUARD.

Baron, je vous jure que c'est à l'instant même et de la bouche de ces deux messieurs....

KARL.

Cette lettre est à votre adresse, je ne puis donc que vous la remettre : mais un homme qui n'aurait rien à se reprocher, un honnête homme la lirait tout haut, monsieur.

ÉDOUARD, décachetant la lettre et lisant tout haut.

« Stevens, ce n'est pas vous.... (il baisse la voix) qui partirez le premier, mais moi qui partirai la première. Je vais vous attendre sur la route de Manheim. »

KARL.
Eh bien, monsieur!

ÉDOUARD.
Karl.... il y a des fatalités....

KARL.
Cette lettre, monsieur.... cette lettre!

ÉDOUARD.
Je ne la lirai pas.

KARL, *voulant la lui arracher des mains.*
Mais je la lirai, moi.

ÉDOUARD.
Prenez garde, monsieur, c'est le secret d'une femme que je suis chargé de défendre.

KARL.
Dites le vôtre. Cette lettre encore une fois, cette lettre!
(*Édouard traverse lentement le théâtre. Après un moment d'hésitation il déchire la lettre.*)
Ah! c'est à mon tour, moi, qui vous dis, prenez garde, monsieur! en même temps que cette lettre, vous déchirez votre honneur.

ÉDOUARD.
Monsieur!

KARL.
Vous partez et la comtesse Sophie part en même temps que vous.... Vous prétendez que vous ignorez ce départ! Elle vous écrit en partant, et vous n'osez lire tout haut ce qu'elle vous écrit!.... Vous croiriez-vous insulté, monsieur, si je vous disais que vous êtes un hypocrite?

ÉDOUARD.
Karl!

KARL.
Je viens vous trouver comme on vient trouver un ami : je vous ouvre mon cœur comme on fait à un frère. Vous vous taisez devant ces confidences.... et vous aimez la femme que j'aime! Vous acceptez la mission que je vous confie avec l'intention de me trahir, et vous me trahissez!.... Vous venez supplier mon père de me donner la main de la comtesse Sophie...., et vous l'enlevez pendant ce temps-là!... Vous croiriez-vous enfin insulté, monsieur, si avec mon mépris je vous jetais mon gant au visage? (*Il le lui jette.*)

ÉDOUARD.
Une épée, baron!... une épée!...

KARL.
Allons donc, monsieur.... allons donc! (*Il s'élance dans la chambre à gauche, Nebel et Meyer sortent précipitamment par le fond.*)

ÉDOUARD.
Ah! c'était trop de souffrance, mon Dieu! et vous me deviez un dédommagement. Il l'a compris, lui, qu'il fallait verser la dernière goutte au calice prêt à déborder, afin qu'avant de mourir le patient que depuis quatre ans vous tenez sur la roue pût s'en prendre à un homme et non à la destinée de tout ce qu'il a souffert. (*Courant à Karl qui rentre avec des épées et en saisissant une.*) Mais venez donc, baron, venez donc! Oh! c'est bien un combat sans grâce, sans miséricorde, un combat mortel, n'est-ce pas? (*Embrassant son épée.*) Oh! merci, arme de délivrance! merci, fer avec lequel on tue ou par lequel on est tué! Allons!

SCÈNE XV.

Les mêmes, BEZANETTI *paraît par la porte du milieu avec* MEYER *et* NEBEL.

BEZANETTI.
Où allez-vous ainsi tous deux l'épée à la main, messieurs?

KARL.
Accompagnez-moi, Bezanetti, vous allez me servir de témoin.

BEZANETTI.
Et avec qui vous battez-vous?

STEVENS.
Avec moi.

BEZANETTI.
Avec vous?

KARL.
Oui.

BEZANETTI.
Il y a erreur, baron Karl, on ne se bat pas avec monsieur.

KARL.
Comment! on ne se bat pas avec monsieur?

BEZANETTI.
Non. (*A Stevens.*) Dites donc au baron Karl qu'on ne se bat pas avec vous, monsieur Édouard Ruhberg de Manheim.

STEVENS, *laissant tomber son épée et tombant lui-même accablé dans un fauteuil.*
Ah!

BEZANETTI.
Vous voyez.

KARL.
Aussi lâche qu'infâme! (*Il jette son épée.*)

STEVENS.
Mon Dieu! mon Dieu!

LOUISE, *qui vient d'entrer, d'une voix compatissante et lui tendant la main.*
Édouard!

STEVENS.
Ah! l'on m'avait bien dit que c'était sur le chemin du martyr que Dieu plaçait ses anges!

L'HUISSIER, *à la porte du fond.*
Le ministre!

LOUISE, *allant au ministre.*
Mon oncle, ayez pitié!

SCÈNE XVI.

Les mêmes, LE MINISTRE, LOUISE, CHRÉTIEN.

LE MINISTRE.
Monsieur Édouard Ruhberg de Manheim, voici votre démission que je vous rapporte. J'avais eu tort de l'accepter, reprenez-la.
(*Louise tend la main et reçoit la démission.*)
LE MINISTRE, *regardant Nebel et Bezanetti, qui restent confus.*
Monsieur Édouard Ruhberg de Manheim, le roi vous fait conseiller de son conseil privé avec le titre de baron de Stevens, et vous nomme commandeur de l'ordre du Mérite civil de Buvière. (*Ramassant l'épée de Karl.*) Mon fils, reprenez votre épée, vous pouvez vous battre avec monsieur.

KARL.
Comment voulez-vous que je me batte avec un homme à qui publiquement vous rendez un pareil témoignage?

LE MINISTRE.
Alors, faites-lui vos excuses et offrez-lui la main de la comtesse Sophie. (*A part.*) Votre sœur.

KARL, *à part anéanti.*
Ma sœur! elle est ma sœur!
(*Le ministre tend la main à Stevens. — Stevens se jette à ses pieds. Le ministre fait un signe à Chrétien qui sort par la droite.*)

LE MINISTRE.
Eh! maintenant, Ruhberg, êtes-vous heureux? Ne manque-t-il rien à votre bonheur?

STEVENS.
Un pardon.

LE MINISTRE.
On vous l'apporte, mon ami.

SCÈNE XVII.

Les mêmes, RUHBERG, *paraissant avant* CHRÉTIEN.

RUHBERG.
Édouard!!!

STEVENS.
Ah! mon père!!!

RUHBERG.
Mon fils!

(*Tableau.*) Édouard s'est élancé au-devant de son père; Louise vient dans les bras du ministre; Karl reste absorbé dans le fauteuil à droite; Bezanetti, Nebel et Meyer sont tout confus et tout honteux; Chrétien contemple avec bonheur Édouard dans les bras de son père.

Nota. Le rôle d'Édouard doit être distribué à l'acteur jouant les jeunes premiers rôles.

FIN

POSITIF ET NÉGATIF,

COMÉDIE EN UN ACTE,

PAR

FÉLIX HENNEGUY.

Distribution de la Pièce :

RENÉ, aspirant littéraire.
PROCOPE, étudiant en médecine.
LANDRY, clerc d'avoué.
AMÉLIE, femme de René.

La scène est à Paris, de nos jours.

CHEZ RENÉ.

Petit salon très-simple. A gauche, un canapé ; à droite, un petit meuble de femme. Portes à gauche et au fond.

SCÈNE PREMIÈRE.

RENÉ, AMÉLIE.

RENÉ, *étendu sur le canapé*. Amélie, ma chère âme, vous devriez vous habiller. Voici bientôt dix heures, ces messieurs vont arriver ; vous ne serez pas prête.
AMÉLIE, *brodant*. René, mon amour, je vous obéis.... (*Elle se lève.*) A propos, où irons-nous pour fêter ce dimanche, que le soleil nous promet si beau ?
RENÉ. Ma foi ! je n'en sais rien. Quel est ton avis ?
AMÉLIE. Mon avis est le tien.
RENÉ. C'est très-joli ; mais, comme je n'en ai pas, il faut en chercher un.... (*Jetant les yeux sur un journal.*) Parbleu ! voilà notre affaire : allons à Versailles, ces grandes eaux jouent aujourd'hui.
AMÉLIE, *faisant la moue*. A Versailles ?
RENÉ. Versailles te déplait ?
AMÉLIE, *hésitant*. Je ne dis pas cela....
RENÉ. Quelle objection as-tu à faire ?... Moi, d'abord, je me sens de bonne humeur : la gaieté du ciel a passé dans mon âme ; je suis disposé à ne faire qu'un long éclat de rire, de midi à minuit.
AMÉLIE. Tu trouves donc Versailles bien risible ?
RENÉ. Voudrais-tu que je le prisse au sérieux, comme cet Anglais qui voyait le sang du peuple suinter à travers les lambris du grand roi ? Pour le moment, je ne suis pas si philosophe. Du reste, ce qui me séduit en ce jour, ce ne sont pas les grands amas de pierres, ni les divinités bouffies, ni les gazons coupés en parts de galette, ni les arbres taillés en perruques ; c'est tout simplement la foule, la cohue des Parisiens se ruant sur ces parterres géométriques, ni plus ni moins que d'anciens marquis. Va ! nous rirons bien.
AMÉLIE. Pour peu qu'un de ces Parisiens forme en ce moment le même projet que toi, nous aurons du moins l'excuse de n'avoir pas ri des autres sans qu'on ait ri de nous.
RENÉ. Comment cela ?
AMÉLIE. Ne grossirons-nous pas *la cohue* ?
RENÉ, *sérieux*. C'est juste... Mais bah ! la foule, c'est la vie ; et, quand le soleil brille, j'aime à me sentir vivre.
AMÉLIE. Moi, quand le soleil brille, je songe moins à la foule qu'à la nature.

RENÉ. La nature contenant tout, la foule est dans la nature.
AMÉLIE. Oh ! tu joues sur les mots.... Je veux dire que c'est bien assez d'être coudoyé par ses semblables pendant six jours de la semaine, sans consacrer le septième à se faire marcher sur les pieds par ces mêmes semblables.
RENÉ, *réfléchissant*. Surtout, lorsqu'ils sont ferrés comme des chevaux.
AMÉLIE. Je dis.... (*Souriant.*) ou plutôt je pense....
RENÉ, *avec affection*. Pense tout haut, mon Améliette.
AMÉLIE. Je crois donc que c'est un pauvre plaisir que de rire des ridicules qu'on partage. N'est-ce pas un grand délassement, au contraire, que d'aller respirer un air pur, loin du tumulte, dans les champs ou dans les bois ?
RENÉ, *se levant*. Sans doute.
AMÉLIE, *croisant ses mains sur l'épaule de René*. Je suis comme toi : un beau ciel bleu me met la joie dans le cœur et me fait mieux apprécier la vie.
RENÉ, *ému*. Ce que c'est que la sympathie !
AMÉLIE. Mais la vie n'est pas seulement dans les hommes.
RENÉ. Elle est aussi dans les femmes, je le crois bien !
AMÉLIE. Elle est dans l'oiseau qui chante....
RENÉ. Dans la fleur qui s'épanouit....
AMÉLIE. Dans l'arbre qui projette librement ses rameaux, sans craindre le croissant de l'émondeur....
RENÉ. Dans l'eau qui coule capricieusement à travers les saules et les peupliers, loin des margelles moulées et des grottes en rocaille.
AMÉLIE, *d'un air décidé*. Voilà pourquoi Versailles et sa foule n'auraient aucun charme pour nous aujourd'hui.
RENÉ, *convaincu*. A te dire vrai, je n'y pensais pas sérieusement.... Mais, où irons-nous ?
AMÉLIE. Te rappelles-tu cet endroit délicieux de la forêt de l'Isle-Adam, où nous avons passé de si douces heures, au printemps dernier ?
RENÉ. Près de l'abbaye des Bons-Hommes ?
AMÉLIE. Oui.... J'y retournerais avec plaisir.
AMÉLIE, *l'embrassant*. Je vais m'habiller.
RENÉ. Me voilà déjà heureux !... (*Réfléchissant.*) Mais....
AMÉLIE. Il y a un mais ?
RENÉ. Si cette partie n'était pas du goût de mes amis....
AMÉLIE, *désappointée*. Ah ! je les avais oubliés.
RENÉ. Ce n'est guère aimable, mais je ne m'en plains pas.
AMÉLIE. Tout est perdu.
RENÉ. Non, sois tranquille : je saurai bien les y amener ; je vais dresser mes batteries, ils céderont.... Va, dépêche-toi. (*Amélie sort par la gauche.*)

SCÈNE II.

RENÉ, *seul*.

J'ai beau me torturer la cervelle pour aligner des vers les uns au-dessous des autres, je ne suis qu'un écolier : Amélie est un vrai poète.... (*Se promenant.*) Comment déciderai-je Procope et Landry à voter pour la forêt de l'Isle-Adam ? Procope surtout, un étudiant en médecine ! un homme habitué à amputer les vivants et à disséquer les morts ! c'est peu poétique. J'ai remarqué que tous les médecins aimaient le *roastbeef* et les ballets, et qu'à trente ans ils prenaient du ventre.... Que lui dirai-je pour le séduire ?

SCÈNE III.

RENÉ, PROCOPE.

PROCOPE, *entrant*. Hé bien ! est-on prêt ?
RENÉ, *à part*. Bon ! voilà l'assaut ! tenons-nous ferme.
PROCOPE. Tu ne réponds pas ? La partie est-elle remise ? Y a-t-il quelqu'un de malade ?
RENÉ. Rassurez-vous, docteur.
PROCOPE. Docteur ? Je le serai, plus tôt peut-être que tu ne seras imprimé aux frais d'un libraire. Ce n'est pas un reproche que je te fais : il est plus facile de trouver un malade qu'un lecteur. Enfin, tout le monde va bien, n'est-ce pas ?
RENÉ. Dieu merci. Seulement, tu me vois fort embarrassé.... (*A part.*) Forçons-le d'attaquer.
PROCOPE. Embarrassé ? de quoi ?
RENÉ. De savoir où nous irons aujourd'hui.
PROCOPE. Parbleu ! nous irons où tu voudras. Moi, d'abord, je ne suis comme un caniche.... (*Se reprenant.*) Pourvu cependant....
RENÉ. Fais tes conditions.
PROCOPE. Pourvu que tu ne me mènes pas dans la foule !
RENÉ, *étonné*. Ha ! tu crains la foule ?
PROCOPE. Je l'exècre, mon cher !... (*Lui montrant sa joue.*) Tiens ! vois-tu cette égratignure ? c'est l'ombrelle d'une dame qui a failli me crever l'œil.... La foule, le dimanche ! Ah ! mon ami ! Fuyons le monde ; sauvons-nous à la campagne ; allons dans quelque forêt éloignée de Paris.
RENÉ, *timidement*. Comme la forêt de l'Isle-Adam, par exemple ?
PROCOPE. La forêt de l'Isle-Adam ! parfait ! Depuis cinq ans je désire la connaître.
RENÉ, *déconcerté*. C'est étrange.
PROCOPE. Étrange ? quoi donc ?

RENÉ. Que tu recherches les forêts. Je ne te savais pas cette humeur d'Hippolyte.... (*Avec emphase :*)

As-tu sucé le lait d'une mère amazone?

PROCOPE. Je n'ai sucé le lait de personne : j'ai été élevé au biberon.

RENÉ. C'est pour cela que tu es si misanthrope.

PROCOPE. Si j'étais misanthrope, je ne me ferais pas médecin.

RENÉ. Raison de plus : tu veux pouvoir tuer les gens tout à ton aise.

PROCOPE. Fi! que c'est de mauvais goût! ces choses-là ne sont permises qu'à Molière. Aujourd'hui, le médecin est l'ami de l'homme.

RENÉ. Comme le lézard et le crapaud. Ceux-ci, d'ailleurs, sont des philanthropes de ton espèce : le monde les fait sauver.

PROCOPE. Sur quelle herbe as-tu marché, ce matin?

RENÉ, *d'un ton bourru*. Sur aucune ; je ne suis pas encore allé me promener dans la forêt.

PROCOPE. Décidément, cette forêt te tient au cœur.

RENÉ, *souriant avec contrainte*. Pas le moins du monde : elle tient au sol.

PROCOPE. Mon cher René, trêve de logogriphes!.. Ma crainte de la foule t'a-t-elle contrarié? Avais-tu déjà un plan arrêté? Pourquoi ne me l'as-tu pas dit franchement? Si la condition que j'ai posée dérange tes projets, je la retire.

RENÉ. Il s'en faut de beaucoup qu'elle me gêne.

PROCOPE. On ne s'en douterait pas.... Alors, dis-moi quelle mouche te pique.

RENÉ. Il est tout naturel que moi, poëte, écrivain.....

PROCOPE, *l'interrompant*. Aspirant littéraire, mon ami! Tu n'as pas encore fait tes preuves. Il est dangereux de se croire arrivé dès le point de départ. Tu es étudiant comme moi.

RENÉ. Soit!... Il est naturel, dis-je, que je fuie la foule, que j'aime la rêverie et la solitude, que je recherche les champs et les bois. Mais toi, dont la profession est toute matérialiste, que tu fasses de l'églogue en action, c'est, tout au moins, fort extraordinaire.

PROCOPE. Ne vas-tu pas me transformer en Tityre ou en Mélibée, parce que, l'oreille fatiguée du bruit des omnibus, et l'œil rouge de la poussière du macadam, je me reposerais volontiers l'ouïe et la vue à la campagne?

RENÉ. La campagne a ses inconvénients : les perce-oreilles sont très-dangereux, et la fraîcheur donne des ophthalmies.

PROCOPE. Il est facile de s'en défendre..., Mais le simple petit couplet du pinson ne suffit-il pas pour réjouir le dilettante le plus blasé?

RENÉ. Le pinson babillard?... c'est comme une serinette qui n'a qu'un air.

PROCOPE. Va pour le rossignol, puisque tu es si difficile! Celui-là varie son chant.

RENÉ. C'est possible... mais je préfère le *Barbier de Séville*.

PROCOPE, *impatienté*. Eh! mon cher, chaque chose a son temps.

RENÉ. Vas-tu prétendre que Rossini ne vaut pas un méchant moineau?

PROCOPE. Je prétends que tu es aujourd'hui l'être le plus indécrottable que je connaisse.

RENÉ. Voilà bien de mes gens! Parce qu'ils n'ont pas raison, ils se fâchent.

PROCOPE, *s'animant*. Pour ma raison de dire — ne serait-ce qu'au point de vue médical! — que la campagne repose des fatigues de la ville?

RENÉ, *s'animant aussi*. Non, tu n'as pas raison ; car il est tout aussi vrai que la ville repose des fatigues de la campagne.

PROCOPE. Est-ce que tu reviens des champs?

RENÉ. Non, parbleu! et je n'y veux pas aller.

PROCOPE, *mettant son chapeau avec colère*. Eh bien! j'y vais, moi!

RENÉ. Ya.... (*Il se jette sur le canapé*.)

PROCOPE, *se dirigeant vers la porte*. Adieu.... (*Revenant.*) Et où iras-tu, toi?

RENÉ. J'irai à Versailles voir jouer les grandes eaux.

PROCOPE. Il y aura, aujourd'hui, plus de monde dans le parc de Versailles que dans les rues de Paris.

RENÉ. Tant mieux! j'aime le monde.

PROCOPE. (*Il va pour sortir et revient encore.*) Ce que nous faisons là est de l'enfantillage. Nous avions décidé de passer la journée ensemble, nous ne pouvons pas nous quitter ainsi.

RENÉ, *se levant d'un bond*. Je te trouve admirable! Tu arrives tout disposé à me suivre comme un caniche ; et, maintenant, tu veux que je te suive comme un barbet! Entre chiens, chacun tire son os.

PROCOPE. Quelle idée saugrenue que d'aller à Versailles, comme un épicier.

RENÉ. Quelle folle envie que de courir les bois, comme un nègre marron!

PROCOPE. Il faut pourtant prendre un parti. Landry va venir ; nous ne pouvons pas nous en aller chacun de notre côté et le laisser en plan. Tiens! veux-tu que nous l'attendions sans rien décider? Nous lui exposerons le différend, il jugera : c'est un homme de loi.

RENÉ, *marchant à grands pas*. Oh! avec Landry, tu serais bien sûr de gagner ton procès. Il n'entend, ne voit et ne pense que par toi ; s'il se permet d'y mettre du sien, ce n'est que pour enchérir. La chose est toute jugée.

PROCOPE. C'est une erreur, je n'ai pas d'influence sur lui.

RENÉ, *de même*. Je le connais! Toi parlant de rêver sous les arbres, il parlera de grimper dessus ; si tu veux rester jusqu'à huit heures du soir dans la plaine pour voir coucher le soleil, il voudra y passer la nuit pour le voir lever ; si la foule te gêne, il cherchera querelle aux paysans isolés qui chemineront sur la route.

SCÈNE IV.

LES MÊMES, LANDRY.

LANDRY, *entrant*. Vous m'attendiez, n'est-ce pas?

PROCOPE. Avec impatience.... Tu nous vois en contestation, René et moi, sur le but de notre promenade. René traite de folie le désir de connaître la forêt de l'Isle-Adam.

RENÉ. Procope soutient que d'aller à Versailles est une idée saugrenue.

LANDRY. Procope n'est qu'un niais. Vive Versailles! Il y aura foule.

RENÉ, *stupéfait*. Ha! c'est ton opinion?

LANDRY. Sans doute.

RENÉ. Nous ne pouvons pas, cependant, mener Procope à Versailles comme un voleur à la Conciergerie, entre trois fusiliers.

PROCOPE. Soyez sans crainte, mes amis. Vous êtes deux, et je suis seul ; en minorité bien apprise ; je cède à la majorité.

RENÉ, *avec embarras*. Non, je ne le souffrirai pas ; la loi du nombre est une tyrannie, et le plus faible a droit de protéger son plus fort.

PROCOPE. C'est penser comme un sage. Aussi, je l'affirme que ta modération me fait céder de grand cœur.

LANDRY. Nous n'acceptons pas ton sacrifice, vivement. Bah! bah! nous acceptons sans remords.... N'est-il pas bien malheureux d'aller se divertir en notre compagnie et celle de cinquante mille Parisiens?

RENÉ, *sèchement*. Un tel divertissement peut n'être pas du goût de tout le monde.

LANDRY. Il ne déplaira qu'aux chouettes et aux loups. Est-il rien de plus plaisant que ces groupes de bons bourgeois en goguette, qui vous ont des mines à faire pâmer Daumier?

RENÉ. Oh! depuis qu'il porte un faux-col et des favoris-côtelettes, le bourgeois n'est plus pittoresque.

LANDRY. La masse l'est toujours, à défaut du particulier. Quoi de plus original que cette foule bigarrée, qui, vue de haut, ressemble à un tapis d'Aubusson?

RENÉ. Par malheur, vue de plain-pied, elle rappelle ces sables mouvants, dans lesquels on enfonce jusqu'à ce qu'on étouffe.

LANDRY, *les poings sur la hanche*. On se de l'air avec les coudes.

RENÉ. Oui! et l'on s'attire des querelles.

LANDRY. C'est le plus grand plaisir qu'on pu se procurer en pareille circonstance. Le bourgeois enrage, sa femme se récrie, son en pleure, son chien aboie : on rit au nez du bourgeois ; on fait des excuses à la femme, on c sole l'enfant, et l'on écrase le chien.

RENÉ, *avec dédain*. Vrai plaisir de saute ruisseau!

LANDRY. Est-ce une personnalité?

RENÉ, *d'un air distrait*. Non.

LANDRY, *à part*. Décidément, René n'est dans son assiette.

RENÉ. Mais on pourrait supposer, tant il sent le greffe, qu'on ne trouve de pareils goguenards que dans l'étude d'un avoué.

LANDRY, *haussant les épaules*. Eh! mon Dieu! on a autant d'esprit là qu'ailleurs.

RENÉ, *ironiquement*. A coup sûr! sont grands imbéciles ceux qui ne goûtent pas charmes de la bousculade.

LANDRY. Ne dit-on pas, d'un homme qui s'amuse, qu'il ne rêve que plaies et bosses?

RENÉ. Comment donc! se démettre l'épaule se casser la jambe est le couronnement indispensable de toute partie de plaisir!... Qu'en pensés-tu, Procope?

PROCOPE, *impassible*. Moi, mon ami?... Il pense blanc, tu penses noir : je pense gris.

RENÉ, *avec aigreur*. Allons! je vois que vous étiez entendus tous deux avant de venir.

PROCOPE. Ah oui! il y paraît.

LANDRY, *à René*. Dis donc que c'est toi Procope qui étiez d'accord pour m'entraîner dans la forêt de l'Isle-Adam.

RENÉ, *s'échauffant*. Parbleu! c'eût été moins absurde que de se faire aplatir dans la foule comme un papillon entre deux livres.

LANDRY, *s'échauffant aussi*. L'absurdité est de passer son dimanche à rêver sous un arbre comme une mouche sous un éteignoir.

RENÉ. Du moins on s'y repose.

LANDRY. C'est-à-dire qu'on s'y endort.

RENÉ. On se réveille, le front plus léger.

LANDRY. On se réveille tout couvert des pointes d'un oiseau.

RENÉ. Libre à chacun de prendre son plaisir où il le trouve!

LANDRY. Aussi je le prendrai-je à une autre source que toi.

RENÉ. Tu feras bien.

PROCOPE, *intervenant*. De grâce! calmez-vous l'un et l'autre. Vous vous repentirez bientôt de ce que vous dites maintenant.

RENÉ. Je n'ai rien à me reprocher.

LANDRY. Ni moi.

PROCOPE, *avec douceur*. Faites des concessions.

RENÉ. Le badaudage me fait horreur.

LANDRY. Je hais la rêvasserie.

SCÈNE V.

LES MÊMES, AMÉLIE, *habillée pour sortir*.

AMÉLIE. Mon Dieu! messieurs, que se passe-t-il donc?

PROCOPE. Ah! madame, vous arrivez fort à propos pour rétablir l'harmonie. Votre vue seule nous confond. Il faut avouer, vraiment, que nous sommes bien mal élevés. Depuis près d'une heure, nous disputons sur l'emploi de notre journée, quand nous avions seulement le droit de préjuger la question!

LANDRY. En effet, puisque nous devons être les chevaliers d'une dame, c'est à elle de faire connaître sa volonté, c'est à nous d'obéir.

RENÉ, *vivement*. Elle me l'a déjà fait connaître, sa volonté!

AMÉLIE, *souriant*. J'ai donné mon avis.

PROCOPE. Cet avis est une loi pour nous.... C'est?...

RENÉ. C'est pour la forêt de l'Isle-Adam qu'elle a opté.

PROCOPE, *ébahi*. Eh bien! tu n'es pas un mari galant!

ÉLIE. René! il souscrit à mes moindres...
...!
OCOPE. Alors, je n'y comprends rien....
ené.) Pourquoi m'as-tu voulu dégoûter de ...et de l'Isle-Adam?... (*Mouvement d'Amélie*.) ...quoi t'es-tu prononcé si nettement pour ...ailles?
NDRY, *tout étonné*. Voilà qui est curieux!...
rocope.) C'est vraiment à Versailles qu'il ...ait la préférence?
OCOPE. Il m'avait dit, à moi, qu'il irait voir ...r de Versailles?
NDRY, *à René*. Pourquoi m'as-tu voulu décier de Versailles?
NÉ, *plus étonné que les autres*. Pourquoi?... quoi?... Ma foi, je n'en sais rien. C'est ...ordinaire! je ne me rappelle plus bien comme les choses se sont passées.
ÉLIE, *inquiète*. Mon ami, est-ce que tu es ...rant?
NÉ. Je me porte à merveille. Seulement....
OCOPE. Seulement, tu subis une influence ... tu ne te rends pas compte.... Voici le mén : consulte.... Quand je suis entré, tu avais singulier : à quoi pensais-tu?
NÉ. Craignant que la forêt de l'Isle-Adam ...ous effarouchât.... toi surtout, Procope.... ressais mes batteries pour ,vous forcer à ...e rendre.
OCOPE. Je comprends : les pièces étaient chargées, elles ont reculé; c'est le pointeur ...lles ont atteint.
NDRY, *à René*. Mais moi, lorsque tu m'as parlé de Versailles, tu m'as trouvé sur-le-champ de ton avis.

PROCOPE. Second recul !

RENÉ, *piqué*. Allons ! dites tout de suite que je suis un contradicteur de profession.

PROCOPE. A Dieu ne plaise!... Dis-moi, tu crois connaître la nature humaine parce que tu as lu Balzac?

RENÉ. J'observe par moi-même

PROCOPE. C'est le mieux que tu puisses faire.... Mais, si par hasard tu voulais un guide dans tes observations, un initiateur à tes études, je te recommande un *Traité de Physique*, par M. Péclet ou M. Pouillet, peu importe.

RENÉ. C'est bon pour un homme de science.

PROCOPE. Oui! et tu t'imagines n'avoir rien de commun avec ce que tu appelles les professions matérialistes?... Eh bien ! mon ami, moi qui ai là-dessus d'autres idées, je te conseille d'ouvrir le *Traité de Physique* en question au chapitre de l'Électricité : tu y trouveras l'explication de ce que tu as éprouvé aujourd'hui.

RENÉ. Ton énigme m'intrigue fort.

PROCOPE. C'est bien simple... Si dédaigneux que tu sois de la science, tu n'es pas sans savoir qu'il y a deux fluides électriques, l'un positif, l'autre négatif; que ces deux fluides s'attirent mutuellement, mais qu'ils se repoussent eux-mêmes?

RENÉ. Je l'ai su.

PROCOPE. Tu t'attendais à rencontrer en moi une forte opposition : tu t'es donc armé en conséquence, et tu m'as présenté le pôle positif. Il s'est trouvé que je tournais de ton côté le pôle semblable : nous nous sommes repoussés. D'autant plus sensible au choc que tu t'y attendais moins, tu t'es rejeté sur le pôle négatif....

RENÉ, *continuant*. Qui se trouvait être le pôle offert par Landry : nouvelle répulsion.

PROCOPE. Tu as le mot de l'énigme.

LANDRY. Il n'y avait pas de raison pour que cela finît.... (*A Amélie*.) Grâce à vous, madame, l'équilibre est fait. Partons pour l'Isle-Adam.

AMÉLIE. Non. J'ai réfléchi.

LANDRY, *effrayé*. Ah ! mon Dieu ! y a-t-il un nouveau choc?

AMÉLIE. Rassurez-vous.... Puisque vous m'avez donné voix prépondérante, je veux concilier tous les goûts.... Allons à Saint-Germain ; il y a une forêt, il y a du monde : chacun pourra suivre son penchant.

PROCOPE ET LANDRY. Approuvé.

AMÉLIE, *bas*, *à René*. Nous ferons seuls notre partie de campagne, comme au printemps dernier. Être quatre pour une pareille partie, c'est être deux de trop.

RENÉ, *bas*. Que n'y sommes-nous déjà!... (*Haut*.) Mes amis, j'approuve ce que ma femme a décidé.

LANDRY. C'est heureux ! je craignais encore.

PROCOPE, *bas*, *à Landry*. Entre l'homme et la femme, mon cher, la nature a mis deux fluides dont l'amour est la combinaison.

RENÉ. Procope, tu m'apporteras demain ton *Traité de Physique*.

PROCOPE. Étudie-le, mon ami : c'est la Bible des temps modernes.

FIN DE POSITIF ET NÉGATIF.

LIBRAIRIE FRANÇAISE ET ÉTRANGÈRE D'ALPHONSE TARIDE,
2, rue du Coq-Saint-Honoré.

LA CONSCIENCE.
Drame en 5 Actes et 6 Tableaux,
PAR ALEXANDRE DUMAS.
In-4. Prix : 20 centimes.

JANE OSBORN.
Drame en 4 Actes.
PAR Mme LÉON. D'AUN.T.
In-4. Prix : 20 cent.

THÉATRE COMPLET DE J. RACINE.
2 volumes petit in-32, édition diamant.
Prix : 2 francs. Franco par la poste : 2 francs 50 centimes.

LES VIERGES DE PARIS.
Drame en 5 actes,
PAR FÉLIX HENNEGUY.
In-4. Prix : 20 centimes.

POSITIF ET NÉGATIF.
Comédie en 1 acte,
PAR FÉLIX HENNEGUY.
In-4. Prix : 20 cent.

L'ÉCHO DE LA GUERRE,
ou
RELATION COMPLÈTE DES OPÉRATIONS DES ARMÉES ALLIÉES
dans la Baltique, sur le Danube et dans la mer Noire,
PAR LÉOUZON LE DUC.
1 vol. in-4, illustré de 36 gravures, de 5 plans du théâtre de la guerre, et accompagné des cartes complètes de la Baltique, du Danube et de la mer Noire
Prix : 1 fr. 50 cent.

Sous presse. Pour paraître incessamment :

OUVRAGES DE M. FÉLIX HENNEGUY.
LE MAGHREB.
Première partie. — Alger, Blidah, Médéah, Laghouat. — Histoire, paysages, coutumes, produits, colonisation.

ESQUISSES ITALIENNES.
La Sicile, Ibn-Zafer et M. Amari. — Michel-Ange et Vittoria Colonna. — L'Italie moderne et Giacomo Leopardi, etc., etc.

CONFESSION D'UN PÈRE A SON FILS.
Étude philosophique.

LES JUVÉNILES. — Poésies.

Ch. Lahure, imprimeur du Sénat et de la Cour de Cassation
(ancienne maison Crapelet), rue de Vaugirard, 9.

www.ingramcontent.com/pod-product-compliance
Lightning Source LLC
Chambersburg PA
CBHW070447080426
42451CB00025B/1999